超発想力

思いつきをカタチにして人生を変える29の方法

メンタリスト DaiGo

詩想社

はじめに

実を言うと、かつての私は「発想力」を軽視していた時代がありました。人生で成功を収めるには、クリエイティビティは必要がないと考えていたのです。

というのも、学生時代の私は、理工系の研究者を夢に見る典型的な理系人間でした。そこに必要なのは徹底した合理性と論理性のみであり、抽象的なクリエイティビティなど無用の長物。発想のために脳を使うのは無駄だと感じていました。

いま思えばまことに愚かな考えで、実際には、よい仕事をするためには理系の学問でもアイデアが欠かせません。従来の考え方をはみ出して斬新な発想を生むことの重要性は、文系だろうが理系だろうがまったく同じはずです。それにもかかわらず、当時の私は創造性を軽く見ていたわけです。

そんな私が「発想力」に目覚めたのは、大学を卒業する間際のことでした。この時期、私はあれだけ夢に見ていた研究職にうんざりしはじめていたのです。

その理由は簡単で、研究の世界には意外なほど自由がなかったからです。

もともと私が研究者を目指したのは、科学の世界にさえ身を置けば、大好きな読書にひたすら時間を使いながら暮らせるのではないかと、淡い期待をもったからでした。ある程度の研究成果さえ出していれば、誰にもジャマされずに好きなことだけができるはずだと思い込んでいました。

が、現実はまったく違うものでした。実際には学者の世界とて「世間」のひとつであり、出世のために高度な社会性が求められる点では一般的な企業となんら変わりがありません。研究費を得るために大学や企業のお偉いさんに頭を下げ、論文掲載のために共著者への周到な根回しをする……。

出世や昇給のために周囲の顔色をうかがわねばならない点は、科学の世界だろうが同じことだったのです。

とはいえ、いまさら一般的な企業に就職する気も起きません。私はどんな相手にも「間違ったものは間違っている」と言う性格なので、それを曲げてまで就職したくはありませんし、そもそもエントリーシートを書くのが時間の浪費にしか思えず、苦痛でしかたがなかったのも大きな理由のひとつです。

趣味でやっていた「メンタリズム」を仕事にしようと考えたのは、そんなタイミングです。学者の道も一般企業の道も選べないなら、もはや自分だけの道を切り開くしかない……、そんな気持ちでした。

当然、メンタリストなどという仕事は確立されていませんでしたから、運営のノウハウはどこからも得られませんし、心理パフォーマンスのブランディングを行っている芸能事務所もありません。自分で会社を立ち上げ、しばらくは試行錯誤の時期が続きました。

そして、その過程で私はようやく気づきます。人生で本当に高い成果を上げるために必要なのは論理性よりも創造性なのだ、と。

考えるまでもない話でしょう。前例のない仕事でうまくやっていくためには、状況の変化を見極めながら、常に新しいビジネスモデルをつくり続けていかねばなりません。そこには必ず新しい発想が必要になります。

これは私だけの話ではなく、いまを生きるみなさんすべてに当てはまることです。「現代は正解がない時代だ」などとよく言いますが、実際のところ、ここ数十年で経済や社会の不確実性は大きく高まり、ビジネスのルールはめまぐるしく変わり続けています。

たとえば、かつては居酒屋などで飲む酒といえばビール、日本酒、焼酎ぐらいしかなかったのが、いまではハイボールや酎ハイなどをふくむ無数の銘柄が存在し、飲み放題のメニューだけでも20〜30種類が用意されています。

「いいビールをつくれば売れる」とわかっていた時代なら、数字やロジックだけをもとに大量生産を行えば勝てていたでしょうが、正解がない時代ではそう簡単にはいきません。他社の似たようなビールから一歩を先んじるためには、創造性にあふれた販売戦略が必ず必要になります。


その点に気づいた私は、「発想術」にまつわる科学的な研究のリサーチを開始。無数のデータから信頼に足るものだけを選び抜き、「メンタリスト」という正解のない仕事にかたっぱしから当てはめていきました。

イギリス発祥のメンタリズムを日本人にわかりやすいようにローカライズしてみたり、「ババ抜き」のようなマジシャンとは異なるパフォーマンスの見せ方を考案したり、その知見をテレビだけでなくネットで配信させてみたり、タレントとしての知名度を活かして企業のコンサルタントをスタートさせてみたり……。

いずれも前例のない働き方やブランディング法ばかりでしたが、最終的に大きな成果を残すことができたのは、科学的な「発想術」を意識しながら働いてきたからに他なりません。20代のころクリエイティビティにベットしていなければ、いまの私はなかったはずです。

この本は、そんな私が実際に使ってきた「発想術」のすべてを、惜しみなく公開する内容になっています。どの手法も世界の一流機関が効果を確かめたものばかりであり、あなたの日常に少し取り入れるだけでも、確実によいアイデアを量産しやすくなるはずです。

くり返しになりますが、正解がない時代で成功するためには発想力が欠かせません。その点で本書は、現代を生き抜くためのサバイバル・ガイドとして、必ずやみなさんの役に立ってくれることでしょう。

超発想力　目次

第1章　「思いつく力」が、どんな人にも必要な3つの科学的根拠

第2章

「思いつく力」を高める7つの方法

第3章 思いつきを磨いてカタチにする5つのツール

第4章 どうしてもアイデアが出ないときに役立つ12のスランプ脱出法

第5章

疲れや怒り、悲しみなど、「ネガティブ」を思いつきに変える5つの裏技

第 1 章

「思いつく力」が、どんな人にも必要な3つの科学的根拠

本当はみんな新しいアイデアなんて大嫌い

「発想力が大事だ」と言われて、否定する人はほとんどいないでしょう。「はじめに」でもお伝えしたとおり、変化が激しくなった現代を生き抜くには、次々に新しいアイデアを生み出していく作業が欠かせません。

が、一方で心理学の世界では、昔から興味深い現象が確認されてきました。それは、「本当はみんな新しいアイデアなんて大嫌い」というものです。

確かに、現代ではみなが口をそろえて「創造性を高めたい」と言い募りますし、「もっとよいアイデアを出せ」などと上司から発破をかけられている人も少なくないでしょう。その点で、誰もが〝頭では〟発想力の重要性を理解はしています。

ここで問題なのは、私たちの多くが、実は〝心の底〟では発想力を嫌っているとい

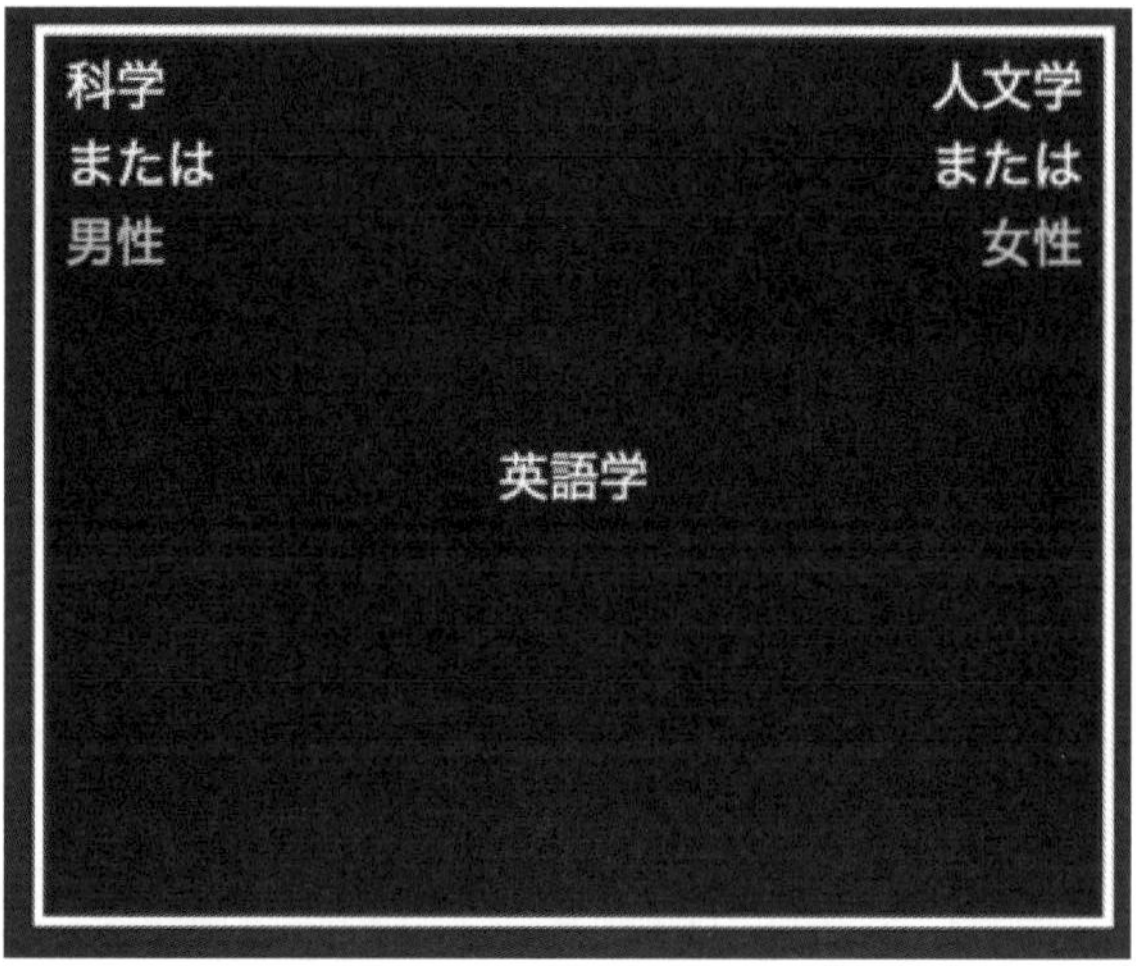

う点です。「そんなはずはない！　自分はいつもよいアイデアを出そうとがんばっている！」と思われる方も多いでしょうが、「本当は誰もが新しいアイデアが嫌い」なのは多くの実験でも確かめられている事実。その一例として、ペンシルベニア大学などが行った研究を見てみましょう。

研究チームは、まず約２００人の男女に「ＩＡＴ」というテストを受けるように指示しました。「ＩＡＴ」は全米科学財団が開発したテストで、おもにあなたが無意識のうちにもっている差別意識をあぶりだすために使われます。

具体的に見てみましょう。たとえば「性差別」についてのテストだったら、前ページのような画面がモニタに表示されます。ここでプレイヤーは、「英語学」が「科学または男性」か「人文学または女性」のどちらに属するのかを、できるだけ速く選択しなければなりません。

すると、ここでおもしろい現象が起きます。このテストを行うと、「人文学または女性」を選ぶスピードが遅くなってしまう人が必ず一定数だけ出てくるのです。つまり、その人がいくら「私は女性差別などしていない！」と口では言っていても、無意識下では「科学は男のものだ」との考え方をもっている可能性が高いと考えられるわけです。

さて、ペンシルベニア大学などが行った実験では、この「IAT」テストを「創造性への偏見」を調べるために使用しました。その結果、以下のような結果が得られています。

■ほとんどの人は「創造的なアイデアがほしい」と口では主張したが、実際にはクリ

エイティビティを「嘔吐」や「毒」「苦痛」などの否定的な言葉と結びつけていた
■7割以上の人は無意識下では創造的なアイデアを嫌い、すでに効果が確認された実用的なものを好んでいた
■多くの人は、いかに新しいアイデアが正しくとも、なかなかそれを受け入れることができない

私たちのなかには生まれつき「創造性」を嫌う心理が備わっており、新しいアイデアを心の底では遠ざけている、というわけです。この心理のせいで、多くの人は目の前に本当に新しいアイデアが現れても気づくことができません。

なんとも驚きの結果ですが、人類の進化の過程を考えてみれば、当たり前の話だとも言えます。

私たちの祖先が進化した原始の環境は、とても不確実性が高いものでした。狩りに出ればいつ猛獣に襲われるかもしれず、水を飲むだけでも感染症で命を落とす可能性すらあります。

そんな状況では、積極的に新しいアイデアを試すよりも、昔ながらの伝統に沿った

生き方を選ぶほうが生存の確率は高くなったでしょう。なんの当てもなく新たなオアシスを求めて旅立つよりは、手近な狩場を大切にしたほうが得策なはずです。

このような環境で進化を続けるうちに、私たちのなかには、自分でも知らぬうちに創造性を嫌うようなシステムが備わりました。誰のなかにも、無意識にクリエイティビティを恐れる気持ちが眠っているのです。

研究チームは言います。

「いまの発想力に関する研究は、『いかに新しいアイデアを生み出すか？』というポイントばかりを調べている。しかし、その前に私たちは『いかに新しいアイデアへの恐れを乗り越え、創造性を受け入れるか』を考えていく必要がある」

人間は新しいことを嫌う生き物なので、手始めに私たちはクリエイティビティへの恐怖を受け入れる必要があるわけです。

日常の成果を大きく左右しているクリエイティブ性

そこで本書のはじめとして、私たちに「思いつく力」が必要な3つの科学的根拠を見ていきましょう。

無意識のうちに創造性を嫌ってしまう傾向は一朝一夕に直せるものではありませんが、発想力があなたにもたらす確実なメリットを押さえておけば、少なくとも恐れを乗り越えて一歩進むだけの原動力にはなるでしょう。

逆に言えば、もしあなたが「どうしてもよいアイデアが浮かばない……」などと苦しみはじめたようなときは、発想力を恐れる無意識のメカニズムが働き出したサインかもしれません。

もしそんな状況に陥ったら、ここから紹介していく発想力のプラス面を読み直して、**自分の脳に「確かに新しいアイデアとは不確実で怖いものだが、それを手にするメリットは計り知れない」という事実を教え込んであげてください。**それだけでも無意識下の不安はやわらぎ、よい発想が出やすい脳に変わっていくはずです。

それでは具体的に見ていきましょう。私たちに発想力が必要な理由は、次の3つに集約されます。

1 **マジメにやるより成果が出る**：うまくやろうとするよりも、楽しんでクリエイティブにやろうとしたほうが最終的な成果は出やすい

2 **変化に強くなる**：クリエイティブになると、時代の変化にもついていけるようになる

3 **幸福度が上がる**：クリエイティブな気持ちで遊び心が増し、日々の幸福度が高まる

まず押さえておきたいのは、発想力が身につくと、仕事や勉強をマジメにこなすよ

りも成果が上がりやすくなる、というポイントです。

両親や教師から「マジメにこつこつやりなさい」と教えられてきた人も多いでしょうが、それだけでは大きな成果をあげることはできません。

もちろん、何事においてもこつこつと積み上げていく作業は必要ですが、そこには必ずクリエイティブの感覚が必要になります。

一例として、ドレクセル大学が22人のジャズピアニストを対象に行った研究を見てみましょう。チームはまずオリジナルのベーストラックをつくり、被験者たちにそのリズムに合わせて即興でピアノを弾くように指示を出しました。

その際、被験者を2つのグループに分けています。

1　「あなたの過去のプレイよりも、さらにクリエイティブに演奏してください」と指示された状態でピアノを弾くグループ

2　「あなたの過去のプレイを超える、ベストな演奏をしてください」と指示された状態でピアノを弾くグループ

その後、すべての演奏を第三者に採点させたところ、結果は「クリエイティブにプレイしてください」と指示されたグループのほうが圧倒的な勝利でした。「ベストを尽くすぞ！」と考えながら演奏したグループよりも、「クリエイティブになるぞ！」と考えた被験者のほうがなめらかにピアノを弾き、美しい響きも多くなり、より斬新なプレイの量が増えたのです。

このような「うまくやろうとすると逆に力が出なくなる」といった事態は、誰にでも経験があるでしょう。大事なテストの本番やプレゼンなどで「今日はがんばるぞ！」と思うほどガチガチになり、持ち前の力が半分も発揮できなくなってしまう現象のことで、あなたのパフォーマンスを大きく下げる原因になります。

たとえば、「じゃんけんで勝ったら1万円をもらえるが、負けたら5千円を支払わねばならない」という遊びをもちかけられたとしましょう。ここで「期待値が高いからやってみよう」と即答する人は損失回避レベルが低く、「5千円を払うのはつらいからやらない」と考える人は損失回避レベルが高いと言えます。

もちろん、これはどちらがよい悪いといった話ではなく、状況によって最適な判断は変わります。場合によっては、目の前の問題から逃げてしまったほうが得なケースも間違いなくあるでしょう。

しかし、私たちの人生においては、ときにリスクを取らねばならない場面があるのも事実です。そんなときに逃げることだけを優先すれば、積極的な行動が取れなくなってしまいます。つまり、本番で力が出せないスポーツ選手やエキスパートとは、勝つよりも負けないことを優先した結果、逆にパフォーマンスが下がってしまいがちな人たちだと言えるでしょう。

では、「クリエイティブになるぞ！」と考えただけで、この問題を解決できるのはなぜでしょう？　創造性が緊張によるパフォーマンスの低下をかき消してくれる理由は、いったいどこにあるのでしょうか？

答えは簡単で、**創造性を心がけたおかげで、あなたの意識が「結果」から「過程」に向き直るからです。**

先に見たジャズピアニストの実験で考えてみましょう。このときに「ベストな演奏をしなければ！」と考えたピアニストは、「最高の演奏をする自分」という結果のほうに意識が向かっていきます。過去の自分よりもなめらかで美しくピアノを弾くイメージが、頭のなかを占拠するわけです。

すると、ここで多くのピアニストの脳内には、「とにかくミスをしないように気をつけなければ」という気持ちが生まれます。「最高の演奏」という結果を得るためには、過去に犯した失敗をできるだけ減らすのが、もっとも手っ取り早い解決策だからです。結果に目を向けすぎた結果、損失回避レベルが高くなった状態です。

前述のとおり、このような心理状態では体が固まってしまい、のびのびとした演奏ができるはずはありません。読者のみなさんのなかにも、「失敗だけは避けたい」という気持ちが強すぎて、逆にミスが増えてしまったような経験をもつ人は多いでしょう。これは、意識が結果にとらわれたせいで損失回避の傾向が上昇したせいで起きる現象です。

他方で、「クリエイティブに演奏するぞ！」と考えた場合は、過程のほうに意識が向かいます。「もっと新しい弾き方をするには、どう工夫すればいいんだろう？」、「次の小節はもっとゆったりとテンポを取ろう……」といったように、具体的なプロセスのほうに集中しやすくなるわけです。

このような心理のほうが、パフォーマンスによい影響を与えるのは言うまでもありません。「最高の結果」を狙うと緊張でガチガチになってしまうのが、過程に集中するせいで適度なリラックス状態が生まれるからです。

要するに、本番でいつもの力が発揮できない人ほど、クリエイティビティは欠かせません。**結果を求めてマジメ一本で取り組むよりも、創造性を発揮して楽しみながら行うほうが、あなたのパフォーマンスは高まるのです。**

発想力が高まると、変化やトラブルに強くなる！

私たちに発想力が必要な理由のふたつ目は、「時代の変化へ柔軟に対応できるようになる」です。現代が不確実性に満ちているのは「はじめに」でも触れたとおりですが、そんな世の中を柔軟にサバイブするためにも発想力は欠かせません。

この事実を深く理解するために、ひとつの実験を紹介しましょう。

2018年、シェフィールド大学などのチームが、「何か嫌なことがあっても柔軟に対応できる人は何が違うのか？」を調べる実験を行いました。仕事のプロジェクトで急な変更を余儀なくされたり、プライベートで親友とケンカしたりとなんらかのトラブルが起きても、その場に応じた適切な対応ができる人の特徴をチェックしたわけです。

実験は301人の男女を対象にしたもので、まずは全員に「トラブルが起きたときにシチュエーション・セレクションを使っていますか?」と尋ねました。シチュエーション・セレクションは研究チームが考案した造語で、ざっくり言うと「何か嫌なことがあったら、クリエイティブな行動を計画してみる」という対処法のことです。

クリエイティブな行動の中身はなんでも構いません。絵や作曲などのアート系の活動はもちろん、いままでの仕事に新しい手法を導入してみる、目新しい知識を学んでみる、行ったことのないカフェに行ってみるなど、あなたの創造性を刺激するようなアクティビティであればシチュエーション・セレクションの材料に使えます。

調査の結果まずわかったのは、日常的にシチュエーション・セレクションを実践できている人は、ネガティブな気分やうつ症状になる可能性が低いという事実でした。

仕事やプライベートのトラブルで、すぐにクリエイティブな行動を実行できる人は、基本的にネガティブな感情に強かったのです。

この結果は、ある意味で当然のことでしょう。何か嫌なことがあったときに、そのままネガティブな感情を引きずっていても事態は解決しません。なかば強引にでもクリエイティブなことを考えたほうが、気持ちが回復しやすくなるのは普通のことです。が、調査によれば、この当たり前なことを日常的に実践できている人はほとんどいませんでした。現実の世界では、大半の人が「そのまま嫌な感情をこらえる」や「他人のアドバイスに受け身で従う」と答えるケースがとても多かったのです。

研究チームは、この現象についてこうコメントしています。

「感情の波が激しい人ほど、ネガティブな状態にハマりやすい。いざ嫌な気分になったときにネガティブな感情のせいで視野が狭くなり、つい『プランB』の存在を忘れてしまうのだ」

嫌な気分になるとものごとを幅広く見る視点が失われて、同時にクリエイティブな気持ちもなくなってしまうわけです。誰にでも心当たりのある現象ではないでしょうか。

世界的ヒット玩具を生んだ、嫌な感情を切り替えるクリエイティブの効果

それでは、いざ問題が起きたときにクリエイティブな気持ちが消えてしまう現象に、どう対処すればいいのでしょうか？　幸いにも、シェフィールド大学の実験ではこの問題の解決策も考えてくれています。

対処法は簡単で、何かトラブルや失敗が起きたら、次のフレーズを3回唱えてみるだけです。

「この問題のせいで嫌な気分になったら、私はクリエイティブな活動を選ぶ！」

なんだか単純すぎる手法のようですが、これがなかなかバカにできません。実験の

結果を見ると、この手法を使った被験者の多くはポジティブな気分が高まり、その影響は1週間を過ぎても持続し続けました。そのおかげでネガティブな感情の波に飲み込まれず、トラブルや失敗もうまく乗り越えられるようになったそうです。

苦しいときこそクリエイティブな行動をとって気持ちを切り替える――。

この考え方を実践して大成功を収めたのが、クトール社という掃除用品メーカーが考案した「Play-Doh（プレイドー）」という玩具です。70年以上も前からある伝統的なおもちゃで、アメリカでは知育玩具として広く知られ、現在はさまざまな教育機関で使われている定番の商品になっています。

しかし、クトール社は、初めから子ども用のおもちゃをつくろうと計画したわけではありません。同社はあくまで掃除器具のメーカーであり、玩具市場に参入する気もありませんでした。

転機が訪れたのは1955年のこと。クトール社が開発した壁紙クリーナーの売り上げが下がりはじめたのがきっかけです。

このクリーナーは粘性の高いスライム状の商品で、壁紙についた汚れを取り除くために使われていました。かつてのアメリカで売られていた空調器具は、細かなすすを吐き出すのが普通だったからです。

ところが、50年代から空調システムの技術が進み、ほどなく汚れを出さないタイプのエアコンが普及を開始。クトール社のクリーナーは少しずつ需要を失い、やがて完全に売れ行きが止まってしまいます。

大量の在庫を抱えて途方に暮れた同社を救ったのは、クトール社オーナーの義姉だったケイ・ズーフォールでした。売れ残ったクリーナーをなにげなくいじって遊んでいた彼女は、ふと「これは子どものおもちゃに最適なのでは？」と気がついたのです。

というのも、このクリーナーは小麦粉にホウ酸やミネラルオイルを混ぜ込んでつくられており、もし子どもが口にしてもなんら問題が起きませんし、適度な柔軟性があるおかげで子どもがつくりたいイメージを自由に再現することができます。まさに理想的なおもちゃの要件を満たしていたわけです。

果たしてこの読みは当たり、「Play-Doh」は発売直後から大ブレイク。1年で300万ドルを稼ぐヒット商品となり、いまでは世界75ヵ国で好セールスを続ける定番のおもちゃになりました。

このサクセスストーリーは、すべてケイ・ズーフォールが「ちょっとクリーナーで遊んでみよう」と、クリエイティブな精神を発揮したところから始まりました。売れ残った商品を前にただ頭を抱えていただけでは、こうはうまく行かなかったでしょう。

たいていの人は、トラブルが起きると視界が狭まり、頭が固くなってしまうもの。そんな場面だからこそ、「嫌な気分になったらクリエイティブで楽しい活動をする」と意識する必要があるわけです。

クリエイティブな態度を表に出すだけで幸福度は高まる

私たちに発想力が必要な理由の3つ目は、「幸福度が上がる」です。**毎日の暮らしでクリエイティブを心がければ、あなたの幸福度は格段に上がります。**

このポイントはわかりやすいでしょう。いつも同じような決まりきった暮らしを送るよりも、クリエイティブを意識して少しでも新しいことを試したほうが、平凡な毎日に新たな刺激が生まれるはずです。それだけ人生は楽しくなり、ポジティブな体験の量も増えていくでしょう。

事実、近年の研究では、「発想力」が人間の幸福度を左右することを示すデータが増えてきました。

たとえば、チューリッヒ大学が行った調査では、18～92才までのドイツ人4100名を集めて、全員に「発想力と幸福感」の関係を調べるオンラインアンケートを依頼しました。この研究が定義する「発想力」とは、次のようなものです。

「どんな状況でも、自分自身や周囲に対して楽しさやユーモア、面白さをもって解釈できる能力」

暮らしのなかでいかなる困難があっても、違う視点からものごとを眺め、ポジティブな気持ちで新たな解釈を生み出せる能力のことを、ここでは「発想力」と呼んでいるわけです。

そして、被験者の答えをすべてまとめたところ、やはり発想力には幸福度と高い相関がありました。わかりやすくいえば、**日々の体験を新たな視点からとらえ直す力をもった人はポジティブな体験の量が増え、人生のあらゆる時期において、幸福感が高い傾向があったのです。**

この結果について、研究チームはこう言います。

「すべての年齢や性別において、『発想力』は喜びに満ちた人生や幸福感を計るもっともよい指標になっていた。それぞれの年齢にあったクリエイティブな活動を選ぶことができれば、人生のストレスに立ち向かい、ポジティブな感情を引き出す最良のリソースになり得る」

クリエイティブな活動の内容は、スポーツでも勉強でもアートでもなんでも構いません。とにかく、いつもの日々を異なる視点でとらえ直し、あなたに新たな刺激を与えてくれるものであればＯＫです。

また、この研究では、**「とにかくクリエイティブな態度を表に出せば幸福度は高まる」との結論になっているのも大きなポイントです。**「発想力が大事」と言われると生まれつきのセンスが必要かと思いがちですが、シンプルにクリエイティブな態度でいようと心がけるだけでもあなたの幸福度は大きく上がります。

仕事の不安やお金の心配などがあると、どうしても頭が凝り固まってしまうのは誰にでもある話。そんなときに強引に「新しい視点をもたなくては！」と思っても、実際に気持ちを切り替えるのは難しいでしょう。

しかし、そんな状況でも、せめて「クリエイティブに行動するぞ！」と心がけるぐらいならできるはず。

たとえ実際に創造的な成果を生み出すことができなくとも、苦しいなかでクリエイティブな態度を保ち続けるのが、トラブルのなかにあっても幸福度を保つコツなのです。

創造的な活動を45分行うだけでもストレスは下がる

さらに、ここ十数年の研究では、クリエイティビティで幸福度が上がるだけでなく、精神的なストレスが大幅に下がることもわかってきました。

代表的なのはドレクセル大学が行った実験で、研究チームは、仕事やプライベートの問題でストレスを抱えた被験者を集め、全員に「45分間だけ好きなように絵を描いてください」と指示しました。絵のテーマや描き方などは特に指定せず、あくまで被験者の好きなように手を動かしてもらったそうです。

その結果は明白で、過去に絵を描いた経験があるかないかを問わず、被験者の約80％に主観的な不安や悩みの減少が見られ、コルチゾールというストレスホルモンの分泌量も下がっていました。たった45分ほど創造的な活動をするだけでも、私たちはストレスから逃れやすくなるようです。

クリエイティブな活動でストレスが解消されるのは、創造的な行為が、私たちの心から重荷を一時的に解き放ってくれるからです。

クリエイティブな作業に集中しているときに、仕事やプライベートの悩みについて考え続けるのは難しいでしょう。いま抱えている問題がどのようなものであろうと、絵を描いている間や、詩や小説を考えている間は、誰もがストレスから解放されるのです。このような心理を、専門的には「フロー状態」と呼びます。目の前の作業に没頭してそれ以外は何も目に入らないような状態を示す言葉で、過去に行われた複数の研究により、フロー状態に入る回数が多い人ほどストレスに強く、人生の幸福度も高くなることがわかっています。

自分の好きなことに熱中していたらいつの間にか数時間が過ぎていた、というような体験をしたことがある人は多いでしょう。このような、我を忘れて作業にのめり込んでしまうような心理がフローです。**いったんフロー状態に入ることができれば、あなたの頭からストレスは消え去ります。すべての注意がクリエイティブな作業に向か**

うため、どのような問題だろうが忘れてしまえるからです。

よしんばフロー状態に入れなかったとしても、その不安や問題自体を作品に組み込むこともできるでしょう。いたずらに頭のなかだけで悩み続けるよりも、そちらのほうがよほどメンタルにはよいはずです。

ここまでの話をいったんまとめましょう。

発想力を手に入れれば、私たちはマジメにやるより成果を出すことができ、思いもよらぬトラブルにもうまく対処できるようになり、最終的には人生の幸福度がアップします。その意味で発想力とは、複雑化した現代を生き抜くのに欠かせない必須の能力だと言えるでしょう。クリエイティブな思考を毎日の習慣にできれば、あなたの人生は確実によい方向に動きはじめます。

それでは次の章からは、発想力を鍛えるための具体的な手法を見ていきましょう。大量のデータから現時点で最良のテクニックだけを選びました。必ずあなたの発想力アップに役立ってくれるでしょう。

「発想力」を身につけるメリット

1　マジメにやるより成果がいっそう上がりやすくなる
うまくやろうとするよりも、楽しんでクリエイティブにやろうとしたほうが、「結果」より「過程」にフォーカスするため最終的な成果が出やすい

2　トラブルに強くなり、時代の変化に対応できるようになる
ネガティブな感情の切り替えがうまくなれば、トラブルや失敗に対して柔軟に解決できるようになる

3　ストレスが大幅に減少し、日々の幸福度が高まる
新しいことを試したほうが平凡な毎日に刺激が生まれて、ポジティブな体験の量も増える。クリエイティブな活動を行うことによって生まれる「フロー状態」がストレスを大幅に減らす

第2章

「思いつく力」を高める7つの方法

第1章では、発想力によって得られる3つのメリットをご紹介しました。

1　マジメにやるより成果が出る

2　変化に強くなる

3　幸福度が上がる

いずれのメリットも、正解がない現代社会を生き抜くには欠かせないものばかりです。発想力が身につけば、あなたの人生は確実にクオリティが上がるでしょう。

しかし、ひとことで「発想力を身につけよう！」と言われても、多くの場合そう簡単には実践できないものです。論理的な思考なら筋道を立てることで結論にたどりつけますが、発想力は既存の思考から離れなければ得られないため、これといった正解や決まったやり方があるわけではないからです。

たとえ多くの作品を発表しているアーティストであろうと、ベストセラー作家であろうと、創作活動を続けるうえでは数え切れないほどの苦しみに直面しています。いいアイデアはそうそう浮かぶものではありませんし、それを世に出せるまでに磨き上げるのもたいへんな作業です。

とはいえ、そこであきらめてしまえばいつまでたっても発想力は身につきません。幸いにも、ここ十数年で発想力についての研究は大きく進み、どんな人でもアイデアマンに生まれ変われる方法がいくつも見つかっています。現代で発想力を上げたいと思うなら、優秀な研究者たちが見つけてくれたこれらの成果を使うのがいちばんの近道です。

そこで本章では、現時点でもっとも効果が高いと思われる「発想力アップ法」を7つに絞り込み、それぞれの使い方を紹介していきます。どの手法も長年の研究で裏づけられたものばかりであり、毎日の暮らしに少し取り入れるだけでも確実によいアイデアが浮かびやすくなります。

どれかひとつでもいいので、ここから取り上げる7つの手法のなかから自分に合いそうなものを選び、意識して使ってみてください。

思いつく力を
高める方法

1

制限を利用する

■いいアイデアは「何かが足りない」から生まれる

「必要は発明の母」の言葉もあるように、斬新な発明は必要とする人がいなければ生まれません。**新しい発明や工夫とは、大なり小なり不便さや不自由さから生まれるものです。**

2001年、世界でもっとも貧しい国のひとつであるアフリカのマラウイが干ばつに襲われ、国中が飢饉に陥りました。

絶望的な状況に大人たちが手をこまねくなか、当時14歳だったウィリアム・カムクワンバは、なんとかして水を得る方法はないかと考えた末にオリジナルの風車づくりに着手。自転車の部品やプラスティック板といった廃材だけを組み合わせて風力発電機をつくり、見事ポンプで地下水をくみ上げることに成功しました。限界ギリギリの状況が少年のなかに斬新な発想を育み、多くの人間を救ったわけです。

この奇跡的なエピソードは後に世界中に報道され、カムクワンバ氏は、タイム誌の「世界を変える30人」にも選ばれました。これなどはまさに、制限の多い環境が斬新な発明を生んだ典型的な例と言えるでしょう。

制限が創造性を育むことは、実際の研究でも証明されています。トレド大学が行った実験では、生後18～30ヵ月の幼児36人を2つのグループに分けました。

■4個のオモチャしかない部屋で遊ぶグループ
■16個のオモチャがある部屋で遊ぶグループ

その後、子どもたちの行動にどのような違いが出るかを観察したところ、グループにははっきりした違いが確認されました。4個のオモチャだけで遊んだ子どもたちは集中力が2倍になり、ひとつのオモチャをいろんな方法で遊んでいたのです。つまり、オモチャが少ない環境のほうが、子どもたちの創造性が上がったわけです。

そういえば、私の子ども時代を振り返ってみても、ゲームなどよりも静岡の自然のなかで工夫しながら遊ぶほうが楽しかった記憶があります。これは勉強についても同じで、いろいろな参考書に手を出すよりは、厳選した数冊の参考書をくり返し解いたほうが確実に学力は上がりました。これも制限の力なのでしょう。

■「不足」を思い浮かべるだけでも創造性は上がる

もうひとつ、子どもだけでなく大人を対象にした実験も紹介します。こちらはイリノイ大学の研究で、一部の学生たちに「お金や物がない環境で育つとはどういうことか?」というテーマでエッセイを書くように指示しました。

その後、エッセイを書かなかった学生たちも含めて全員の創造性をテストで計測すると、意外な結果が確認されます。「お金や物が制限された状況」のエッセイを書いた学生は、何もしなかった学生よりもよいアイデアを出す確率が約22％ほど高くなっていたのです。つまり、実際に現実的な制限がない場合でも、「何かが足りない」というイメージを頭に浮かべただけで、人間の創造性は上がることになります。

この結果について研究チームは「豊富なリソースは私たちの創造性を低下させる可能性がある。**アイデアは足し算では生まれず、煮詰まったときにはあえてリソースを減らしたほうがよい**」と指摘します。予算や時間が豊富にある状況は一見よさそうに思えますが、実際には逆効果になってしまう可能性があるわけです。

「豊富なリソース」が私たちの創造性をさまたげるのは、潤沢な予算や時間が「言い訳」の原因になってしまうからです。

時間や情報が無限にあると、たいていの人は「もっとテストを重ねたほうがいいのでは……」や「もっとデータを集めたほうがいいのでは……」などと考え始め、やがて新しいアイデアを思いつく喜びよりも、失敗の恐怖のほうが大きくなっていきます。このような心理状態では頭が凝り固まってしまい、自由な発想などできるはずがありません。

ところが、ここでリソースがないときは、「もう一度検討してもいいが、もはや時間もお金もない」といった気持ちが生まれるため、自分への言い訳はできなくなります。この気持ちが失敗の恐怖を乗り越える心理に変わり、新しいアイデアを生み出すモチベーションにつながっていくわけです。

■「何かが足りない」感覚を意図的につくってみる

また、もうひとつ大事なのは、リソースの少なさが私たちに「ゼロベース思考」をうながしてくれる点です。

十分な時間と情報があると、どれだけ有能な人でも、つい「過去の勝ちパターンをまた実践すればいいか……」と思ってしまうもの。リソースが豊富にあるせいで、別に新しいアイデアなど生み出さなくても「なんとかなるだろう」と考えてしまうのです。

しかし、リソースが限られていた場合は、過去の成功パターンを再利用できなくなるため、新たな勝利の方程式をゼロから考えるしか他に手がありません。この切迫感が新しいアイデアを生む起爆剤になるわけです。

といっても、「豊富なリソース」のデメリットを防ぐために、本当に予算を削ってみたり、他人とのつながりを断つ必要はありません。先の研究にもあったとおり、「何かが足りない」という感覚をつくり出すだけでも、あなたのクリエイティビティは高まるからです。

具体的には、一時的に資料を半分に減らした状態で企画を考えてみたり、ネットがない環境で考えごとをしてみたりと、計画的に「リソース不足の感覚」をつくり出してみましょう。なんなら、アイデアを出す前に「もし、いまあるお金や情報や人脈がゼロだったらどうする？」と考えてみてもOKです。

実際のところ、意図的に「リソース不足の感覚」を使っている経営者も少なくありません。

たとえば、ミシュラン3つ星シェフとして有名なトーマス・ケラーは、自身が経営するすべてのレストランで、キッチンクロックの下に「切迫感」と書かれた看板を掲げています。スタッフたちはこの看板を目撃するたびに、気持ちを新たにして日々の調理に取り組んでいるそうです。

また、Apple社を立ち上げた故スティーブ・ジョブズは、初めてマッキントッシュの開発を指揮したときにデザインチームを独立した建物に隔離し、不当に短い納期で複雑な仕事を割り当てたことで有名です。たとえ時間とお金に余裕があったとしても、あえてリソース不足の状態をつくり出してモチベーションを高めたのです。

このように、限られたツールやリソースのイメージをつくり出せば、それだけでもあなたのクリエイティビティは高まります。ぜひ参考にしてみてください。

思いつく力を高める方法

2

リーキー・アテンションを活かす

ある程度の注意散漫状態がよいアイデアを生む

「リーキー・アテンション」という言葉をご存じでしょうか？　**これは、目の前のことに頭の半分は集中しているけれど、残りの半分はまったく違うことを考えているような状態のことです。**

たとえば、映画を見ているときにストーリーとはなんの関係もない話が頭のなかに浮かび、頭から離れなくなったような経験は誰にでもあるでしょう。いちおう映画も見ているけれど、脳の半分では違うことを考えてしまうのはリーキー・アテンション

```
ΤΤΤΤΤΤΤΤΤΤΤΤΤ      +++++++++++      SSSSSSSSSSSS
ΤΤΤΤΤΤΤΤΤΤΤΤΤ      +++++++++++      SSSSSSSSSSSS
       ΤΤΤΤ             ++++             SSSS
       ΤΤΤΤ             ++++             SSSS
       ΤΤΤΤ             ++++             SSSS
       ΤΤΤΤ             ++++             SSSS
       ΤΤΤΤ             ++++             SSSS
```

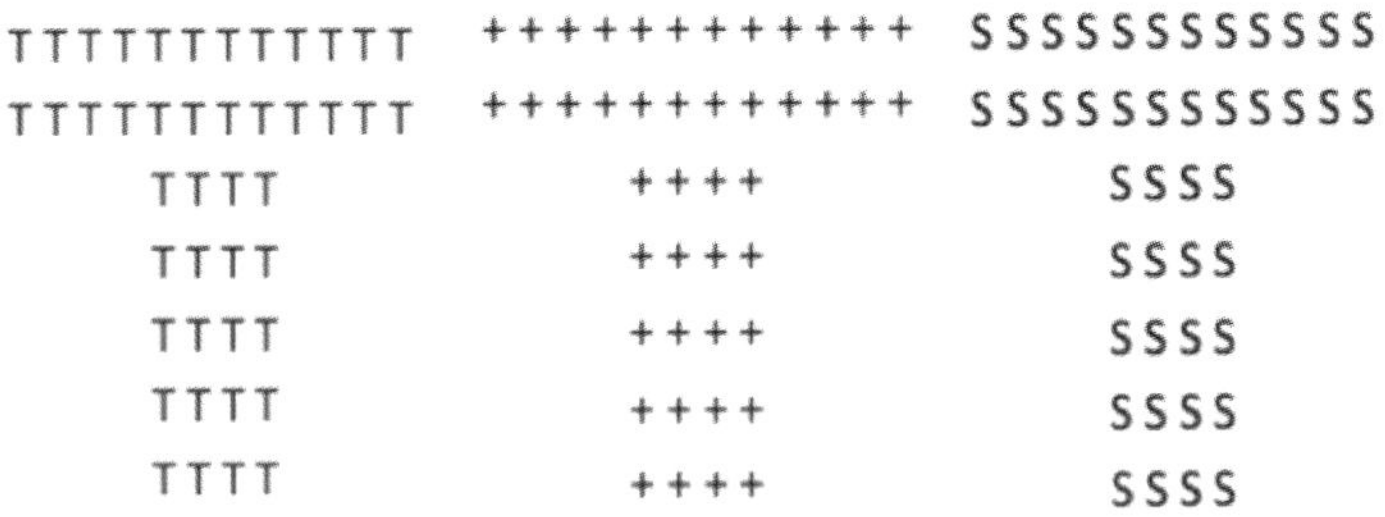

の典型例です。「心ここにあらず」のような完全に目の前のタスクから注意が逸れた状態ではなく、もう少しジワッと意識が漏れ出しているようなイメージです。

なにやらよくない現象のようですが、実はこのリーキー・アテンションには、大きなメリットがあることがわかっています。意識が漏れ出した状態とは、同時に創造力が高まった状態でもあるからです。

具体的な例をあげましょう。ノースウエスタン大学が行った実験では、参加者にナヴォン図形を見せて、どれだけリーキー・アテンションが起こりやすいかを調査しました。

ナヴォン図形とは、上の図のように小さな「S」や「＋」で大きな「T」を構成している図形のこと。参加者たちに「小さいSに注目してください」や「大きなTに注意して

56

ください」といった指示を出すことで、どれぐらい注意力の切り替えがうまいかがわかるわけです。当然ながら、リーキー・アテンションを起こしやすい人ほど、切り替えは遅くなります。

このテストで参加者の注意力を計測したあと、みんなに普段からアートやダンス、料理などの活動をどれぐらいしているかを聞いてみたところ、おもしろい事実が確認されました。**リーキー・アテンションを起こしやすい人のほうが創造性が高く、現実の世界でなんらかのクリエイティブな仕事をしているケースが多かったのです。**

リーキー・アテンションを起こしやすい人ほど創造性が高いのは、他の人よりも脳内に不要な情報が残りやすいからです。

注意力が高い人は、重要な情報を瞬時に選り分けるのがうまいため、不要だと判断した情報をすぐに意識から弾き飛ばすことができます。一方でリーキー・アテンションが起きやすい人は、情報のフィルタリングが遅いせいで、不要な情報が頭のなかに残り続けてしまいます。

というとメリットがないように思えますが、悪いことばかりではありません。脳内に残ったさまざまな情報が、ふとしたタイミングで思わぬ結びつきを生み、新たな発想に繋がりやすくなるからです。

つまり、注意力がないのは必ずしも悪いことではなく、うまく使えば発想力アップに使うことができます。先の研究を参考にすれば、次のような使い分けになるでしょう。

■アイデア出しが必要な段階↓ＢＧＭ、ノイズ、視覚的な刺激が多い状態などでアイデアを考え、意図的にリーキー・アテンションを起動させる。人通りが多い場所に行くのもいいし、ＬＩＮＥで会話をしながら考えてみるのもいいでしょう

■アイデアを形にする段階↓この段階では注意力のほうが重要なので、刺激のない場所にこもり、すべてをシャットアウトしてリーキー・アテンションを防ぐほうが重要になります

このように、アイデアが必要な場面に応じて「リーキー・アテンションを起動すべ

きか？」と意識すると、注意散漫のメリットをうまく使うことができるわけです。

■わざと途中で、作業から離れてみると創造性は高くなる

リーキー・アテンションを起動する方法としては、もうひとつ「わざと途中で作業から離れてみる」のも手です。いったん目の前の課題から離れて別のことに意識を集中するだけでも、よいアイデアは出やすくなります。

シドニー大学によるある実験では、被験者に難しいテストをするように指示したあと、まったく別の課題を与えたらどうなるかを調査しました。たとえば、難しい数学の問題を解いている途中で、いったん歴史の記述問題に取り組んでみて、そちらのほうがよいアイデアが出るかどうかを調べたわけです。

その結果は研究者の予想どおりで、難しい課題を途中で中断してから無関係な作業を行ったグループはもっともいいアイデアを生み出す傾向がありました。具体的には、休憩をはさまずに難しい問題に取り組んだグループよりも、途中で違う作業に切

り替えたほうが、約40％ほど創造性が高くなったのです。

このような現象が起きた理由は、特定の問題にばかり取り組んでいると、人間の脳はひとつのアイデアだけに意識が固まってしまうからだと思われます。ひとつのことだけを考えていたせいで頭がカチカチになり、視点が固定した状態です。

しかし、ここで**目の前の課題から離れると、あなたの脳はいったんリセットされ、新たな可能性に意識が向くようになります。**

どんなに悩んでも解けなかった難問が、一晩寝たら急に解けてしまったような経験はみなさんもおもちではないでしょうか？　まさに、目の前の問題から意識を逸らしたおかげでリーキー・アテンションが起動したからです。

これは私もよく経験することで、新しいビジネスのアイデアに行き詰まったり、ニコ生で放送するネタが思いつかないときには、あえて寝てしまったり、まったく関係ないアニメなどを見て強引に頭を切り替えています。すると、うんうん唸っていたときよりも、確実に面白い発想がわくから不思議なものです。

■酒の力でも創造性がアップ！

どうしても頭が凝り固まってしまい、なかなかよいアイデアが出ない！

そんなときは、酒の力を借りてみるのもいいでしょう。酒のリラックス効果は誰もが知るところですが、リーキー・アテンションを起動する働きがあることもわかっています。

イリノイ大学が40人の男性を対象に行った実験では、被験者にアルコール濃度が0・07になるまでウォッカを飲ませ、しらふの被験者と一緒に発想力テストを行いました。その結果は明解で、酒に酔ったグループのほうが16％ほどよいアイデアを思いつく量が多く、36％ほど問題を解くスピードも速くなっていました。

この結果は、酒の力により脳から適度に注意力がなくなり、リーキー・アテンションが起きたおかげで創造性が高まったのが原因だと考えられます。飲酒のせいで脳が余計な情報を選別できなくなり、最終的に思いもよらない発想に結びついたのでしょう。

もちろん、何かに集中したいときにアルコールはＮＧですが、思考を拡散させたいならお酒も悪くはありません。

思いつく力を
高める方法

3

体の動きを使う

■ 外を歩けば歩くほどよい発想が浮かぶ

デッドラインが近いのに、いくらデスクでアイデアをひねり出そうとしてもいいアイデアが浮かばない……。

誰にでも身に覚えのある状況でしょうが、そんなときは、まず外に出て軽く体を動かしてみましょう。ひたすらデスクに張りつくよりも、確実にいいアイデアが浮かびやすくなります。

「すぐにいいアイデアが必要な状況でエクササイズなんてできない！」と思った方も

いるかもしれませんが、発想力を上げるためにわざわざジムへ行く必要はありません。いいアイデアを出すのが目的なら、軽いウォーキングぐらいで十分です。

スタンフォード大学が40人の男女を対象に行ったテストでは、まずは全員に『燃え尽きた電球』というキーワードから、できるだけおもしろいことを考えてください」と指示。そのあとで、全体を4つのグループに分けました。

1 室内で座りながら考えるグループ
2 外で座りながら考えるグループ
3 室内で歩きながら考えるグループ
4 外で歩きながら考えるグループ

最後にすべての回答のオリジナリティと数をチェックしたところ、アイデアの質と量は4の「外で歩きながら考えた」グループが圧倒的でした。その他のグループに比べて、外歩きグループのアイデアは斬新で質の高さは約50%ほど高く、発想の量にいたっては約90%も多かったというから驚きです。**つまり、外を歩きながらアイデアを**

練ると、質と量の両方を満たした発想ができるわけです。

もともと人間の脳は、ひとつの問題に集中した状態では思考が凝り固まってしまうようにできています。斬新なアイデアを産むためにはいろいろな種類の思考を組み合わせなければならず、思考が凝り固まったままでは発想力の向上などおぼつきません。

しかし、ここで散歩に出かけると、「あれ、こんなところに店があったっけ？」「あそこに変な看板があるぞ」といったように、自動的に意識がさまざまな方向へ散らばりはじめます。拡散した意識は複数の情報を脳に集め出し、やがてそれぞれの情報が思いもよらないつながりを生むわけです。

多くの研究によれば、この現象は、室内を歩くよりも自然のなかを歩いたほうが大きなメリットを得られることがわかっています。

アリストテレスやディケンズやソローなど散歩で創造性を高めた偉人は多いですが、やはり彼らの行動は科学的にも正しかったのでしょう。

かく言う私も、アイデアを出したいときは近所の林に出かけ、わざと意識をさまよわせるように心がけています。デスクに張り付くよりは確実にいいアイデアが浮かぶので、ぜひ試してください。

■ 会議でいいアイデアを20%出やすくする方法

長いだけで生産性のない会議ほどつらいものはありません。

誰もアイデアを出さない、現場の意見は通らない、その場の思いつきを言うだけで雑談が8割……。

大手人材サービスグループの調査によれば、1万人規模の企業では1年間に約67万時間が「ムダな会議」に費やされているのだとか。そんな会議に時間を使うなら寝ていたほうがマシでしょう。

それでは、いったいどのように会議をすればアイデアは活性化するのでしょうか？その答えを探るべく、ワシントン大学が行った研究を見てみましょう。

研究チームは214人の学生を3～5人ずつのグループに分け、それぞれに30分の会議を行うように指示し、「大学の宣伝ビデオを改善するアイデア」について話し合わせました。その際、全体を2つのグループに分けています。

1　イスを使わず、立ちっぱなしで会議をするグループ
2　イスに座って会議をするグループ

会議の様子は動画に記録され、研究チームは被験者の会話をすべてチェック。全グループの生産性を調べたところ、立ちっぱなしで会議をしたグループには、次のような違いが確認されました。

■イスに座ったグループよりも覚醒度が高まり、より前向きにグループの対話に参加するようになった
■自分の発想をグループのメンバーとシェアするようになり、最終的にいいアイデアが生まれる確率も増えた

立ったまま会議を行うことでグループの共同意識が高まり、結果としてより多くのアイデアが生まれたわけです。

実は、最近は日本でも「スタンディング会議」を取り入れる会社が増えており、時間の短縮やチーム関係の改善などのメリットが報告されています。

私もグループのミーティングは立って行うようにしており、おかげで雑談のせいで本題からそれることはなくなり、アイデアもテンポよく出て会議がすぐ終わるようになりました。

ムダな会議にお悩みの方は、ぜひスタンディング方式をお試しあれ。

■ ジェスチャーで考えて発想力アップ！

体を動かして発想力を上げる方法としては、「ジェスチャーを使いながら考える」というのも有効な手法です。

これはイギリスのハートフォードシャー大学が効果を実証したテクニックで、研究チームは、78人の子どもたちに新聞紙や空き缶、ナイフといった平凡な日用品の写真を見せ、それぞれのアイテムの新しい使い方を考えるように指示しました。これは、心理学の世界で創造性チェックに使われる定番の手法です。

その際、子どもたちの様子をチェックしたところ、おもしろい違いが確認されました。ジェスチャーを使いながら考えた子どもほど、斬新なアイデアを思いつきやすい傾向があったのです。

同じような結果は他の調査でも得られており、手を使ってナイフを持つ仕草をしたり、空き缶を投げるような動作をしたりと、さかんに体を動かしながら考える人ほど斬新なアイデアを思いつきやすくなります。

ジェスチャーで発想力が上がるのは、手の動きが思考の具体化に役立ち、アイデアの取っかかりをつくってくれるからです。「ナイフの新しい使い方を考えましょう」と言われたときに、あたかもナイフを持ったような動きをしたほうが考えやすくなるのは、当たり前の話でしょう。

ただし、ジェスチャーが役立つのは、具体的なアイデアを考えるときだけではありません。

たとえば、「集客アップの方法を考える」のようなやや抽象度が高い問題を考える場面でも、「新しく取り込みたい客層は2種類あって……」などと考えつつ、その2

つの客層のイメージが手の上に乗っているかのようなジェスチャーをしたほうが、いいアイデアが出やすいことがわかっています。

どんな場面でも、より多くジェスチャーを使うほど、新しいアイデアを思いつく可能性は高まるのです。

ぜひ今日から、積極的に手を動かしながら考えてみましょう。

思いつく力を
高める方法

4

高速思考を使う

■ハイスピードで考えただけでよいアイデアが出る

発想力を高める方法の4つ目は「高速思考」です。耳慣れない言葉かもしれませんが、基本的な考え方はとても簡単で、

■いつもよりハイスピードでものごとを考えてみる

というものです。「そんなことで発想力が上がるのか？」と思われそうですが、実

際にいくつかの調査で効果が確認されており、試してみる価値は十分あります。

高速思考の効果を検証した例として、プリンストン大学が行った実験を見てみましょう。研究チームは、学生の被験者にいくつかの「雑学」を読むように指示し、2つのグループに分けました。

1 雑学をできるだけハイスピードで読むグループ
2 雑学を普通のスピードで読むグループ

この実験で使われた「雑学」は、以下のようなものです。

■海は地球の表面の71％を覆っている。
■アルカリ電池は一般的に普通の電池よりも長く使える。
■チョウの一種、オオカバマダラはゆっくり飛ぶが、その代わりに何百マイルもの距離を飛ぶ姿が目撃されている。
■アテネから船で半日のところに、ミコノス島がある。

■ロッキー山脈にある山の多くは、高さが14000フィート以上ある。
■地球と太陽との最大距離は94452000マイルである。
■ナイル川は世界最長の川だ。

珍しいトリビアから常識的な知識までさまざまですが、とにかくこれらの文章を読むスピードを変えることで、被験者のメンタルや脳機能に違いが出るのではないかと研究者は考えたわけです。

その後、すべての被験者に創造性テストを行ったところ、果たして結果は研究チームの予想どおりでした。

ハイスピードで雑学を読んだグループは一様によいアイデアを思いつくようになったうえに全体的に幸福度がアップ、さらにはエネルギーに満ちた感覚が高まり、生き生きした態度を見せるようになったのです。いくつかの短文をハイスピードで読んだだけなのに、なんとも凄まじい効果ではないでしょうか。

■原始時代の危機にはスピーディな思考が必要だった

このような現象が起きる正確な理由はまだよくわかっていませんが、研究チームは次のようにコメントしています。

「スピーディに思考すると、喜びや報酬の感覚に関わる脳のドーパミン系が活性化する可能性がある。思考が速くなったせいで、すぐ行動を起こさねばならない気分になり、エネルギーが増加するのだろう。

たとえば、登山道を走っているときに大きなヘラジカを見つけたら、危険に備えて素早く行動しなければならないはずだ。そのときに普通のペースで考えていたら、思いもつかなかったような創造的な解決策が生まれてくる可能性は低くなってしまうだろう」

要するに、私たちの祖先が生活した原始のサバンナでは、緊急のトラブルに対してスピーディに対策を考え、すぐに斬新なアイデアを思いつかなければ生き抜くことができませんでした。

そんな環境のもとで進化を続けた結果として、人類の脳内には、高速で思考すると自動的に創造性が上がるようなしくみが備わったのではないかと研究チームは考えているわけです。

また、以下のような高速思考が効く理由も考えられています。

■**もともと人間は幸福なときに思考が速くなる傾向があるため、逆に高速で物事を考えただけで幸福度が上がる可能性は高い**

■**スピーディな思考は脳のテンションを上げるため、そのぶんだけ意外なアイデアが生まれやすい**

この理屈がどこまで正しいのかは未知数ですが、現時点の研究によれば、高速思考で創造性が上がることは間違いありません。もしもいいアイデアが必要な状況になったら、**手近な雑学本やビジネス書などをハイスピードで読んでみると、それだけで発想力はアップするでしょう。**

もっとも、多くの研究によれば、わざわざハイスピードで本を読まなくても、たんに「できるだけ高速で考えようとがんばる」という単純な方法でも効果は出るようです。つまり、高速思考を意識するだけでもOKなのです。

たとえば、私がおすすめしたいのは、次のようなステップです。

1　朝起きたら、5分から10分をかけて今日やることをなるべく多く紙に書き出す

2　書き出した内容をチェックリストにして、上からどんどんつぶしていく

このように高速でチェックリストをつくり、こなしていくと、「自分はこれだけのことをやったんだ」という充実感につながります。**即座に行動することが高揚感と自信を生み出し、クリエイティブな発想も出やすくなるでしょう。**

ちなみに私の場合は、ニコ生やYouTubeなどで放送するアイデアや気になったことを、「1回30分間だけ」と時間を決めたうえで、なるべくたくさんiPhoneの音声メモに書き出すようにしています。

この手法を使うと、音声を入力すると同時に別のアイデアもハイスピードで考えられるため、高速思考のいいトレーニングになるのです。

もちろん、音声入力に慣れていない方は、**できるだけハイスピードでアイデアをメモに書き出してもＯＫです。**高速な思考を意識さえすれば、どのような方法を使っても構いません。

思いつく力を高める方法

5

無意識にゆだねる

■クリエイティブなアイデアの20%は無関係な作業から生まれる

相対性理論を生み出した天才アインシュタインは、「直感」を大事にすることで偉大な業績を残した人物として知られています。

彼が常に心がけていたのは、「これは成功しそうだな……」といった感覚がわいたら、深く考えずに取り組んでみるというポイントでした。頭のなかでいろいろと悩むのではなく、無意識が「行けそうだ」とささやきかけてきたらとりあえず飛びついてみて、そこから徹底的に論理的な検証を進めていったのです。

この姿勢について、アインシュタインはこう言っています。

「直感は嘘をつかない。あふれた情報や人の言うことにとらわれると、内なる声が聞こえてこない」

精緻な理論を求められる物理学者の言葉とは思えぬ発言ですが、無意識の働きを大事にしたことで、アインシュタインが光量子仮説や特殊相対性理論といった偉大な成果を生み出したのは事実です。

実際のところ、近年の科学は、よい「ひらめき」は意識と意識のはざまにこそ浮かび上がるという事実を明らかにしてきました。

一例として、カリフォルニア大学がおもしろい研究をしています。これは45人の物理学者と53人の小説家やジャーナリストを対象にしたもので、研究チームは、毎日ランダムなタイミングで全員にメールを送り、「何かいいアイデアを思いつきましたか？」と質問を重ねました。

研究チームが主に調べたのは、「いいアイデアが浮かんだときに何をしていたか?」と「そのアイデアはどのように浮かんだのか?」という2つのポイントでした。果たして、斬新な発想が生まれやすい条件には、なんらかの共通性があるのかどうかをチェックしたわけです。

実験期間は2週間で、被験者から届いた大量の回答を集めたところ、大きく2つの事実がわかりました。

■クリエイティブなアイデアの20%は、仕事とは関係ないことをしていたときに生まれていた

■仕事とは関係ないことをしている最中に生まれたアイデアのほうが、〝アハ体験(いままでわからなかったことがひらめいた体験)〟として感じられやすい

被験者の大半は、領収書の整理中や昼寝したあとなど、**目の前の問題とは関係がない作業をしているときほど、なんらかのいいアイデアを思いつく傾向がありました。**さらに、そんなときに思いついたアイデアほど、質が高くて斬新な発想である可能性も高かったのです。

よく「シャワーやトイレの最中にいい考えが浮かんだ」と言いますが、この逸話は科学的にも間違いのない真実。仕事とは関係ないときに無意識がふと返してきた答えほど、解決が難しい問題から抜け出すのに役立つケースが多いのです。

■「あえて何も考えない」で創造性が高まる

無意識のパワーが役立つのは、学者やアーティストだけではありません。どんな人でも、無意識の恩恵にあずかることは可能です。

有名な事例として、ラドバウド大学が「無意識思考効果」のおもしろさについて調べた研究を紹介しましょう。「無意識思考効果」とは「自分でも気がつかないうちに脳はいろいろと考えごとをしてくれている」という考え方のことです。

いくら悩んでも解決できなかった問題が、一晩明けたら嘘のように解けてしまったことはないでしょうか？ これは、あなたが寝ている間に「無意識思考効果」が働き、脳が問題に取り組んでくれたことが原因で発生します。

この実験では、研究チームはまず何人かのアルバイト経験者を集め、それぞれの働きぶりをチェックしました。続いて、アルバイトの能力が高い人と低い人を選り分けたうえで、全員のプロフィールをつくります。

さらに、今度はまた別の被験者をラボに呼び、先ほど作成したアルバイト経験者たちのプロフィールを読ませて「どの人物が有能だと思うか？」を考えて当てるように指示。その際に、全体を2つのグループに分けています。

1 いろいろ考え抜いてから判断してもらうグループ
2 まったく関係ないゲームをやったあとで判断してもらうグループ

その結果は、グループ2の勝利でした。あれこれ考えながら「誰が優秀か？」を判断するよりも、**「あえて何も考えない時間」をつくったグループのほうが、格段によい選択をしたのです。**

研究チームは、この現象について「無関係なゲームをやることで無意識思考効果が働き出し、意識が考えるよりも精度の高い答えを導きだしたのだろう」と推測しています。ぱっと見は無意味そうな時間を過ごしているように思えても、実は裏で脳が働いてくれているわけです。

■ 頭を使わないゲームをすることで発想力を引き出す

「無意識思考効果」を実証した例としては、もうひとつ、エクス＝マルセイユ大学の実験も有名です。こちらは被験者に「ベストな不動産を選ぶためにはどの仲介業者を選ぶべきか？」という問題を投げかけたあとで、全体を3つのグループに分けました。

1 ソリティアのようなシンプルなゲームで遊んでから判断するグループ
2 数独のような複雑なゲームで遊んでから判断するグループ
3 いろいろ考え抜いて判断するグループ

その後、全グループの判断を計測したところ、トップは1の「シンプルなゲームで遊んだグループ」で正答率は75％でした。続いては2の「複雑なゲームで遊んだグループ」の正答率が55％で2番手。3の「考えてから判断したグループ」はもっとも精度が低く、正答率は40％でした。

やはり下手にいろいろなことを考えずに、単純な作業をしたほうが逆に思考が深まっていくという結果が出ています。

「無意識思考効果」により、なぜよいアイデアが出るのかはまだ明確になっていませんが、多くの研究者は次のようなメカニズムを想定しています。

1 あえて考えるのをやめて無意識にゆだねる
2 無意識下に普段は出てこないような情報が浮かぶ
3 新たな情報が判断材料に加わり、よいアイデアが出やすくなる

気を張らず力を抜くと、逆に見逃していた情報が頭に浮かびやすくなる。いくら探しても見つからなかった家の鍵が、ふと気を抜いた瞬間に視野が広がり、実はテーブルの真ん中に置いてあったのに気づくようなイメージです。

よい発想がほしいのにありがちなアイデアしか浮かばないときは、ジェンガやトランプの七並べのようなシンプルなゲームで遊んでみてください。いったん問題が無意識に棚上げされ、思いもよらなかった情報が浮かびやすくなるはずです。

思いつく力を
高める方法

6

イメージの力を使う

■100年後の自分を考えれば創造性は上がる

アメコミのヒーロー映画を見たら、なんとなく足取りが大きくなって映画館を出る。神のごとき頭脳をもつ名探偵の物語に触れたら、頭がよくなった気分になって本を閉じる。血気盛んな不良マンガを読んだら、妙に口調が荒くなった――。

メディアの影響により、一時的に私たちの行動や考え方が変わってしまうのはよくある話。私たちがイメージの力に左右されやすいことは、いまさら言うまでもありません。

そこで、発想力をアップさせるために役立つ手法の６つ目は、「イメージの力を使う」です。私たちの行動に大きな影響をもつイメージのパワーをうまく使えば、いいアイデアを生み出す確率を大きく高めることができます。

それでは、具体的にイメージの力を使う方法を見ていきましょう。

まず取り上げるのは、テルアビブ大学が提唱する「未来の自分をイメージする」というテクニックです。**将来の自分はどうなっているのだろう？　と未来を具体的にイメージするだけで、私たちの創造性はアップします。**

この手法についてテルアビブ大学が検証を行ったのは２００４年のこと。研究チームは35人の男女を集め、２つのグループに分けました。

1　「いまから1年後に自分の人生はどうなっているのだろうか？」と考えるように指示したグループ

2　「明日の自分はどうなっているのだろうか？」と考えるように指示したグループ

それから全員に創造性テストを行ったところ、両グループの成績には大きな違いが現れました。「1年後の自分」をイメージしたグループは、「明日の自分」をイメージしたグループに比べて、クリエイティブな発想を思いつく確率が2倍も高かったのです。

一般的な心理実験で、グループ間に2倍もの差が出るケースはそれほど多くありません。未来の自分をイメージするだけでこれだけの効果が出るのなら、試してみない手はないでしょう。

このテクニックで創造性が高まるのは、未来のイメージにより心理的な余裕が生まれるからだと考えられています。

「明日の自分はどうなっているのだろうか?」と考えると、上司から頼まれていた仕事や、すぐに処理しなければならないトラブルなど、より具体的な問題に意識が向かいやすくなるでしょう。

しかし、「1年後の自分は?」と考えてみると、時間軸が遠くなったぶんだけ目先の具体的な問題からは意識が外れ、「もっと楽しげに暮らしている自分」や「猫と暮らしている自分」のように抽象的な思考がより働きやすくなります。そのぶんだけ凝り固まった思考状態から抜け出し、より幅広い発想が浮かぶわけです。

なんらかの新しいアイデアがほしいような状況では、とりあえず1年～100年後のスパンで自分の未来について考えてみてください。手軽なわりにとても効果が大きいテクニックです。

■夢レビューでイメージの力を拡大する

1996年のある夜、アメリカに住む22歳の青年が奇妙な夢を見ました。彼がいつものようにインターネットを使っていたところ、いかなるアルゴリズムが働いたのか、ネット上にアップされたすべての情報を、ひとつの端末のなかに一気にダウンロードできてしまったのです。

このイメージにインスピレーションを得た青年は、すぐにこの夢を記録したうえで、インターネット上の情報を得るための新しいシステムの開発に取り組みます。この努力はやがて斬新なアルゴリズムの誕生につながり、最終的には「Google」と呼ばれる検索エンジンとして結実しました。

もうおわかりでしょうが、この青年の名はラリー・ペイジ。言わずと知れた「Google」の生みの親です。いまや社会のインフラとなったGoogle検索が、個人の夢から生まれたことは意外と知られていません。

ペイジの逸話だけでなく、夢のイメージをもとに新たな発明を生み出した事例は山のように存在します。

「先端に穴が開いた針」の夢を見たことでミシンの着想を得た発明家のエリアス・ハウ、ファンに襲われる夢を見たおかげで名作『ミザリー』を書き上げたスティーブン・キング、夢に現れた回転する蛇の映像から「ベンゼン環」を考案した化学者のケクレ……。

夢がもつイメージの自由さは、私たちのなかに斬新な発想をもたらすパワーをもっているのです。

そこで、夢のパワーを使うためにおすすめなのが「夢レビュー」です。コロンビア大学が提唱する創造性アップのテクニックで、次のように行ってください。

1　朝起きたら、昨晩見た夢をできるだけクリアに思い出す

2 どれぐらい細かく夢を思い出せたかを10点満点で採点する。すべて完全に思い出せたら10点、ほとんど思い出せないなら1点

この作業を、最低でも1週間は続けてください。とてもシンプルなテクニックですが、コロンビア大学が87人の学生に行った研究によれば、「夢レビュー」を続けた被験者は平均で20%も創造性テストの成績がアップし、斬新なアイデアを出す量も増えていました。

夢を思い出すだけで創造性が高まる理由について、研究チームはこうコメントしています。

「夢を思い出す作業を行うと、自分が見た夢への認識が高まる。そのため、通常の精神状態と『夢』の精神状態の間で交配が起きる」

やや難しい表現ですが、要するに、意図的に夢を思い出すことでシュールなイメージやアイデアが意識のなかに残り、そのおかげで私たちがもつステレオタイプな思考がゆるむわけです。結果として通常の精神状態ではたどり着けないような発想が可能となり、「当たり前の発想」から抜け出すことができるのです。

■ 別人のふりをしてみるとアイデアがあふれ出す

「夢レビュー」よりもさらに手軽にイメージの力を使う方法としては、「別人のふりをしてみる」というテクニックを使うのも手です。**あたかも自分が別人になったかのようなイメージを浮かべただけでも、あなたの創造性はアップします。**

思い浮かべる「別人」のイメージはなんでも構いませんが、**私がおすすめしたいのは「子ども」と「アーティスト」の2つです。**どちらも「自由な発想」や「クリエイティブ」を代表するようなイメージがあるかと思いますが、複数の実験でも、この2つのイメージが創造性を促進するとの報告が出ています。

たとえば、ノースダコタ州立大学が行った実験では、学生たちに「自分を7歳だと想像しつつ休日をどのように過ごすか考えて下さい」と伝えたあとで創造性テストを行ったところ、子どもになった自分をイメージしたグループはみな思考の柔軟性がアップし、よりオリジナリティが高いアイデアを出すことができました。

データによれば、「子どものイメージ」による創造性アップの効果は、内向的なパーソナリティの人ほど得られやすいようです。人見知りだったり照れ屋な人は、困ったときは「もし自分が子どもだったらどう考えるだろう？」と考えてみてはいかがでしょうか？

また、同じように、「アーティスト」のイメージによる創造性アップの効果を確かめたのが、96人の学生を対象にしたメリーランド大学の研究です。こちらの実験では、被験者に「自分を過激な詩人だと思ってください」または「自分を厳格な図書館員だと思ってください」というどちらかの指示を与えたうえで、全員に創造性テストを行いました。

結果は予想どおり、思いついたアイデアの質・量ともに自分を「過激な詩人」と思い込んだグループの点数が最高で、図書館員をイメージしたグループとは約2倍の開きが出たそうです。

もちろん、図書館員の創造性が低いと決まっているわけではありませんが、やはり一般的には「過激なアーティストはクリエイティビティが高い」というステレオタイプがあるのも事実。この世間的な思い込みが私たちの脳に影響を与え、「自分は過激なアーティストなのだ」とイメージするだけで、実際の創造性も上げてくれるようです。

つまり、「自分はそんなにクリエイティブなタイプじゃないから…」と思っている人でも、「私はアーティストなのだ」と思い込むことで創造性をブーストできる可能性が大。岡本太郎、ピカソ、ダリ、デュシャン、バンクシーなど、誰でもいいので歴史に残るエキセントリックなアーティストたちのふりをしてみると、いいアイデアが浮かぶ確率は高まります。

思いつく力を高める方法

7

他人の力を借りる

■とにかく他人にほめてもらうと創造性は上がる

傑作アニメ映画『ファインディング・ドリー』の共同監督を務めたアンガス・マクレーンは、こんな言葉を残しています。

「素晴らしいアーティストになるためには、自分のまわりを尊敬すべき仕事をしている人たちで固めて、自分自身を駆り立てることが大事なんだ。仲間からの正直なフィードバックは成功するための鍵だよ」

『トイ・ストーリー』や『モンスターズ・インク』など数多くの名作を生み出したピ

クサー・アニメーション・スタジオが、クリエイターたちのチームワークをことのほか大事にしているのは有名な話です。

言わずもがな、複雑化した現在の労働環境では、ひとりの人間の力だけでものごとを達成できるケースは多くありません。そのためピクサーでは、「チームは家族も同然」との姿勢を社員に徹底させ、社内で自由にスポーツをさせたり、カフェに巨大な団らんスペースを設けたりと、メンバーたちの間に強い信頼を育むための仕組みづくりを徹底しています。よい人間関係がクリエイティビティに直結している好例です。

他者の存在が創造性につながることは科学的にも実証されています。ハーバード・ビジネス・スクールの研究などでは、「他人に自分をほめてもらうといいアイデアが生まれる」という興味深い報告がなされています。

この研究では、まずは被験者の友人や身内から協力を得て、被験者をひたすらほめる手紙を書いてもらいました。具体的には、「あなたは本当に知的。頭の回転が速くて何事も明確に表現できるし、多くの女性の見本のような存在ね。あなたが討論会に参加したことがあったけど、とても刺激を受けたわ」といった感じで、ほめ殺しに近い手紙を用意したそうです。

それから、被験者に手紙を読ませたあと、全員にロウソク・箱に入った画びょう・マッチの3つが渡され、「ロウがたれないように、ロウソクを壁に取り付けてください」と指示を出しました。これは人間の創造性を計るために使われる有名なテストで、俗に「ドゥンカーのロウソク問題」と呼ばれています。

すると、結果には大きな違いが確認され、何もせずに問題に挑んだ被験者は19%しか正解にたどりつけなかったのに対し、自分のことをほめる手紙を読んだ被験者は、51%が3分以内に正しい答えに到達できました。なんとも驚くべき変化といえるでしょう（ちなみに正解は、ロウソクを画びょうが入っていた箱の中に立て、その箱を画びょうで壁に取りつけるというもの）。

■「他人のため」とイメージしてもよいアイデアが出る

このような、他人のほめ言葉で能力が上がる現象を、心理学では「ベストセルフ・アクティベーション」と呼びます。

文字どおり「最高の自分」が活性化された状態のことで、研究チームによれば、「ベストセルフ・アクティベーション」が働くと、個人の最高のポテンシャルを引き出すことができる」とのこと。**他人のほめ言葉で「最高の自分」に意識が向き、そのおかげで自信がついた結果としてクリエイティビティにもよい影響が現れるのです。**

また、この実験がおもしろいのは、被験者が「この手紙を書いた友人は、研究者に頼まれてほめ言葉を書き出したのだ」と自覚している状態でも創造性アップの効果が確認されているところでしょう。たとえ相手の言葉がただのお世辞でも、とにかくほめてもらうだけで効果は出るわけです。

ほめられるだけでパフォーマンスが上がるのだから、使わない手はありません。いいアイデアが必要なときは、周囲の友人や家族に「嘘でもいいからほめてくれ！」と頼んでみるといいでしょう。

といっても、他人に「自分をほめてくれ」と頼むのは気恥ずかしいものですし、周囲に「ほめ言葉」を頼めるような友達がいない場合もあるでしょう。そんなときは、どうすればいいのでしょうか？

もちろん、そんな場面でも「他人」のパワーを活かす方法は存在します。実は自分のためではなく、**他人のために何かを行っている場面を想像するだけでも、あなたのクリエイティビティは上がるのです。**

これはニューヨーク大学が明らかにした事実で、450人の男女を対象にしたテストでは、「感謝の手紙を書く」や「ボランティア活動をする」のように他人のために行動しているシーンを想像したグループは、自分のために行動しているシーンを想像したグループ（「ほしいものを買う」や「観たかった映画を観る」など）よりも、その直後に行われた創造性試験の成績が20％ほどアップしました。

このような現象が起きるのは、他人のために行動するシーンを思い描いたことで、他者の視点からものごとを考えやすくなったのが原因だと考えられます。

当然ながら、いいアイデアを生み出すためには、自分だけの視点から抜け出して、ものごとを幅広く見なければなりません。その点で、「他人のため」と考える手法には、あなたを独りよがりの思考から解き放つ効果をもつわけです。アイデアに困ったら、他人のためによいことをしている自分の姿を思い浮かべてみてください。

思いつく力を高める方法

1　新しい発明や工夫は不便さや不自由さから生まれるため、
「リソース不足」などの制限を利用する

2　リーキー・アテンション（注意散漫状態）を活かす
思考を拡散させたいときはアルコールも有効

3　スタンディング方式での会議や、ジェスチャー・散歩など
体の動きを使う

4　インプット&アウトプットを速めて、高速思考を使う
高速でチェックリストを作るのも効果的

5　無関係な作業をしたり、何もしない時間を
つくったりして無意識にゆだねる

6　100年後の自分を想像したり、
別人のふりをしたりしてイメージの力を使う

7　ほめてもらうなどして他人の力を借りる

第3章

思いつきを磨いて カタチにする 5つのツール

2章では、パッとアイデアがひらめくための方法をお伝えしましたが、当然ながらそれだけでは使い物になるアイデアとは言えません。なぜならば、どんな人でも日常的にアイデアを出す経験はしているからです。

あなたも目新しいビジネスのニュースなどに接し「これなら自分も考えたことがあるのに！」と思った経験が一度や二度あるのではないでしょうか？

あなたのアイデアがダ・ヴィンチのように世界を変えるまでに至らないのには、3つの原因があります。

■そもそもアイデアの絶対量が少ない
■本当に使い物になるアイデアを選ぶ鑑識眼がない
■アイデアのタネを使い物になるように磨き上げる技を知らない

ここまでの章で、あなたはアイデアの絶対量を増やす方法については学んだはずです。しかし、この段階ではあなたが出したアイデアはまだ「種」の状態にすぎず、現実に使えるものになるまでにはさらなるステップが必要になります。

天才ジャズミュージシャンのチャールズ・ミンガスは、こんな言葉を残しています。

「創造性とはただ単に人と違うというだけではない。誰でも奇をてらうことはできる。それは簡単だ。難しいのは、バッハのようにシンプルにすること。極力シンプルにすること。それが創造性だ」

アイデアの種を出すことは誰にでもできますが、本当に重要なのは、その種をシンプルに磨き上げていくことなのです。そこで本章からは、「使いものになるアイデア」を生み出すために欠かせない、「アイデアの選び方」と「アイデアの磨き方」を学んでいきましょう。

ここで取り上げるのは、5つのツールです。

1 ヤヌス的思考法

2 ブレインライティング

3 マインドマップ

4 創造性レシピ

5 12のパターン

いずれのツールも、長年にわたって複数の研究者が効果を証明してきたものばかりです。どれかひとつを自分のものにするだけでも、あなたは周囲から一歩抜きんでたアイデアマンになれるでしょう。

すべてのツールを網羅する必要はありません。ざっと読んでみて「なんだかしっくりくるな」と思えたものに重点的に取り組んでみてください。

思いつきを
カタチにするツール

1

ヤヌス的思考法

■相反する矛盾する要素を結び付けてみる

「ヤヌス的思考」をご存じでしょうか。「とても両立しえないと思える正反対なものを、同時に成り立たせることはできないか？」と考えてみる思考法のことです。

相反する事象を考えるということから、2つの顔をもつ（後頭部に別の顔がある）ローマの神「ヤヌス」にちなんで「ヤヌス的思考」と名付けられました。

つまり、なんらかの矛盾する要素を意図的に探して、その矛盾を解決できる発想に磨き上げるのが「ヤヌス的思考」の基本的なポイントです。

こう言うと難しそうですが、実は「ヤヌス的思考」は身の回りにあふれています。たとえば、代表的な例はピカソの『泣く女』という絵です。それまでの西洋美術は見たままに描く写実主義が主でしたが、ピカソはいったんモデルの構成要素を分解したあと、横から見た顔と正面から見た顔を組み合わせ、どちらの要素も平面上に見て取れるように組み合わせて表現しました。

西洋美術の規範を打ち破る大胆な発想であり、横顔と正面から見た顔という相反する要素をひとつにまとめ上げた点で、ヤヌス的思考の典型例と言えます。

もうひとつ例をあげるなら、著名な物理学者ニールス・ボーアも「ヤヌス的思考」の使い手でした。

物体とは超ミクロレベルまで分解すると「物でもあり、波でもある」という、従来の物理学では計り知れない動きをすることがわかっています。この一見両立しないものが同時に成立するという大きな矛盾にボーア博士は取組み、その結果、まったく新しい量子論を打ち立てたのです。

このような斬新な理論は、「物でもあり、波でもある」という矛盾が博士の思考を刺激しない限り、打ち立てられなかったでしょう。すなわち矛盾を起爆剤にして、まったく新しいアイデアを思いついたわけです。

私たちの身近にも「ヤヌス的思考」によって生まれたアイデアはいくつもあります。たとえば、iPhoneなどはその典型でしょう。電話機、カメラ、音楽プレイヤーにレコーダー、そしてインターネット。一見すると両立し得ないような機能をいくつも組み合わせることで、画期的な道具が発明されたのです。

矛盾をベースに突破口を探っていく「ヤヌス的思考」の重要性は、科学的な研究でも明らかになっています。

精神科医のアルバート・ローゼンバーグ博士が、ノーベル賞受賞者に行った有名なインタビューを見てみましょう。博士は、物理学、化学、薬学、生理学などの分野から選ばれた22人を選び、全員がどのような場面でクリエイティブな発想を生み出したのかを尋ねました。

その結果わかったのは、どの研究者も「ヤヌス的思考」を使いながら斬新なアイデアを生み出していた、という事実です。ノーベル賞受賞者の多くは、次のようなステップでアイデアを出していました。

1　一見相反するようなものに注目する

2　両者の矛盾を乗り越えた解釈を考える

要するに、ノーベル賞受賞者たちは、どう考えても食い違いがあるような状況に好んで取り組み、周囲からはバカバカしいと思われそうな組み合わせについて真剣に考えていたわけです。

ノーベル賞受賞者たちのこのような思考法は、もちろん私たちでも使うことができます。

たとえば、あなたは甘いものが大好きなのでケーキの食べ放題に行きたいのに、メタボ気味なのでカロリーが気になる、という状況があったとしましょう。2つの状況は相反しており、まさにヤヌス的な場面と言えます。

が、ここで「じゃあケーキをあきらめるしかない」や「ダイエットはやめてケーキを食べてしまおう」と考えただけでは、新しい解決策にはつながりません。「ケーキを食べたい」と「カロリーはとりたくない」という相反する欲望を合わせられないか？　と考えるところから「ヤヌス的思考」はスタートします。

「だとしたら、たくさん食べても太らないケーキはないのか？」、「摂取したカロリーをすぐに減らせる運動法はないか？」、「そもそも、甘いものを食べたい欲望を満たせるのはケーキだけではないのでは？」……。

相反する要素を乗り越えようと考えたほうが、新たなアイデアが生まれやすいのは自明でしょう。

この他にも、ヤヌス的な状況は日常にあふれています。

■働きたくはないがお金はほしい
■勉強の努力はしたくないが成績は伸ばしたい
■運動は嫌いだが健康でいたい

いずれも非常にシンプルな状況ですが、このような単純な問題に取り組むことで人類は着実に進歩してきました。まさに「ヤヌス的思考」は、使えるアイデアを生み出すのに欠かせない第一の要素なのです。

■ シュールレアリスムで発想力を上げる

それでは、身の回りに矛盾するようなシーンを思いつけない場合は、どうすればいいのでしょうか？　特にいまの仕事やプライベートに問題がなく、ヤヌス的な状況が見つからないようなケースです。

実は、そんなときでも「ヤヌス的思考」を使うことは可能です。その方法は簡単で、一見して理解に苦しむような物事に触れてみればいいのです。

シュールレアリスムをご存じでしょうか？　20世紀を代表する芸術思潮のひとつで、「非現実的・現実離れ」を意味します。基本はありえないことだがあったら恐いことや、現実をありえない形で表現したもの、実際に起きてはいるが非日常的な光景などのことです。

シュールレアリスムの代表的な作品としては、脳内の空想の世界を描いたダリやピカソ、マグリットなどの絵画が有名でしょう。懐中時計がチーズのようにドロドロに溶けた様子を写実的に描いたダリの『記憶の固執』などは、誰もが一度は見たことがあるのではないでしょうか？

一見、発想力とはなんの関係もなさそうですが、実はシュールレアリスムによっていいアイデアが出るとの研究が発表されています。

2018年、ブリティッシュコロンビア大学が40人の学生を集め、2つのグループに分けました。

1 カフカの『田舎医者』を読ませるグループ

2 研究チームが書いた、偽の『田舎医者』を読ませるグループ

『田舎医者』は、『変身』で有名なドイツの作家フランツ・カフカが1918年に発表した短編のひとつ。真冬に、ある重病患者の家にたどり着いた年老いた田舎医者の、妄想と現実が交差していくゆがみを、圧倒的な不条理さで描いた作品です。

あらすじを少し説明すると、離れた村へ診察に行きたいが馬がなく、ひとりで村へ向かうことになる田舎医者。重病人のもとへ向かうと、手に負える状態ではなく家族

に非難を浴びながら逃げ帰る……というものです。何かを求めすぎるとすべてを失う、その恐怖と滑稽さを皮肉たっぷりに表しています。

しかし、この実験で研究チームが書いた『田舎医者』は、カフカの作品からシュールさを完全に取り除いた内容になっており、重病の患者が田舎の医者にかかって体調を取り戻す様子が描かれた、実に平凡な作品でした。

これら2パターンの『田舎医者』を読ませたあと、研究チームは全員に「人工文法タスク」という認知テストを指示しました。

このテストは、架空の言語でつくられた文章を見て、どのような文法が使われているのかを推測するというものです。たとえば、被験者は「X M X R T V」といった架空の言葉をいくつか見たうえで、その単語が動詞なのか名詞なのかを推測していくわけです。

「人工文法タスク」で発想力が計れるのはなぜか。それは**よいアイデアを生む作業とは、一見するとランダムで意味がなさそうな情報から、特定のパターンを見出すことだからです。**たとえば、「位置、重り、北」といった情報は一見デタラメで関連性がないようですが、実際には各単語の頭に「あ」をつけると県名になります。このようにかけ離れた物事をひとつにまとめる才能や素質は、創造的な解決策を生み出したいときには、欠かせない能力のひとつです。

さて、実験の結果は、果たしてカフカ版『田舎医者』を読んだグループの圧勝でした。『田舎医者』の原文を読んだグループは、架空の言語でつくられた文章から特定のパターンを見つける確率が47%もアップしていたのです。つまり、シュールレアリスムの作品に触れることで、よいアイデアが生まれやすくなったわけです。

このような現象が起きるのは、「よく意味のわからない文章」を読んだことで、脳が刺激を受けたからといえるでしょう。

たとえば、おもしろい推理小説を読むとつい「犯人は誰だ？」と考え出したり、「ナゾトキ」の問題を見たら反射的に答えを探してしまったりするもの。**一見して意味が取れないものを見ると、私たちの脳は答えを探そうとして活発に働きはじめます。**その結果、外部の環境からより多くの情報を得ようとして、普段よりも発想力が上がるのです。

研究チームは、この状態を**「意味の脅威理論」**と呼んでいます。意味がわからないようなものに接することで脳が「答えを知りたい！」と思いはじめ、積極的に働きはじめる現象のことです。

この実験ではカフカが使われましたが、「意味の脅威理論」に従えば、他の作品も発想力アップに役立つでしょう。

マルセル・エイメの『壁抜け男』、安部公房の『壁』『砂の女』など、すぐには意味がわからないような作品ならなんでも構いません。先にも挙げたダリやピカソなどの絵画に触れてみるのもいいでしょう。理解に困るような作品に定期的に接して、発想力アップに役立ててください。

■しかめっ面で楽しいことを考えると創造性がアップ

矛盾の効果を使いこなす方法としてはもうひとつ、**「表情と思考にわざと食い違いを起こす」という方法もあります。**たとえば、次のようなことです。

■悲しい表情でギャグを言う
■満面の笑顔で怒る
■眉を上げ目を剥きながらほめる
■楽しそうな顔で罵詈雑言を並べる

そんなことで創造性が上がるわけがないと、思ったかもしれませんね。しかしこれは複数の試験でも効果が確認されたテクニックのひとつなのです。

ある実験では、被験者に対し、眉にシワを寄せた状態で過去の楽しい記憶を思い出させたところ、普通に笑顔で楽しい記憶を思い出させた場合よりも、物事を多様な視点から考えられるようになり、結果として創造性が高まりました。

なんだか不思議な現象のようですが、「表情と思考の食い違い」で創造性が上がるメカニズムは、先に述べた「シュールな作品で発想力が上がる」と同じです。順を追って考えてみましょう。

まず、しかめっ面で楽しいことを考えると、あなたの脳は「あれ？　こんな楽しいことを考えているのに、顔は楽しんでいないぞ」と思いはじめ、軽い混乱に陥ります。表情と思考が矛盾を起こしたせいで、脳が軽いパニックになった状態です。

すると、混乱した脳は、表情と思考の食い違いの理由を探すべく、いつもよりも活発に働きはじめます。前述のとおり、人間の脳は、一見して意味がわからないものを前にすると、自動的に矛盾を解きたくなる性質をもつからです。

そして、結果的に脳は活性化しはじめ、これによって最終的には幅広い発想につながっていくことになります。

何か難しい問題に取り組むときは、試しにしかめっ面で楽しいことを考えてみてください。活性化した脳が斬新なアイデアを生み出してくれるでしょう。

思いつきを
カタチにするツール

2

ブレインライティング

■「ブレスト」より確実によいアイデアを量産できる方法

アイデア出しのために「ブレインストーミング」をやっている人は多いでしょう。

1950年代に生まれた会議法のひとつで、あえて結論を出さずにグループで意見を出し合い、アイデアの相乗効果を狙う定番のテクニックです。

ですが、近年では、それ以上に**アイデアを量産できる方法として、「ブレインライティング」が脚光を浴びています。**テキサス大学のポール・パウルス博士が提唱する手法で、やり方は簡単です。

1 解決したい問題や疑問を決める
2 その問題に対するアイデアを10～15分かけて紙に書く。思いつく限り何を書いてもよい
3 書いた紙を隣の人に渡し、自分も隣の人から紙をもらう
4 渡された紙に書かれたアイデアを見て、また10～15分かけて別の意見を書き足す
5 すべての紙を集めて、全員で検討する。その紙に書かれたアイデアが誰のものなのかは明かさない

要するに、ブレインストーミングで意見を述べ合うプロセスを、すべて紙に書き出す作業に変えたわけです。これだけで、なぜブレインストーミングよりもよいアイデアを生み出すことができるのでしょうか？

その理由は大きく2つあります。第一に、いくら自由に意見を出し合うように指示を出しても、ブレインストーミングではアイデアを出す数に限界が生じる点です。どれだけ「好きに意見を言おう！」と言われたところで、向かい合って意見を述べ合う

ブレインストーミングでは、一度にひとりの人間しかアイデアを発表できません。その間は聞くことしかできないため、限られた時間の中では、情報や知識を分け合うチャンスが限られてしまうでしょう。逆にブレインライティングでは、複数の人が同時にアイデアを書き連ねることができ、ブレストよりもアイデアの数が上回ります。

第二に、「人間は他者からの評価や批判を恐れる生き物だ」というポイントも、ブレインストーミングの効果に悪影響を与えます。サラリーマンである以上、組織の上下関係を無視して意見を出すことには抵抗があるものです。どうしても上司の意見が通りやすくなるのは自然なことですし、グループ内でまったく発言をしないメンバーが出てくるのもありがちな光景でしょう。また、突飛なアイデアを言うと、批判されたり、バカにされたりするのではないか、という恐怖心もあるでしょう。実は誰にも批判されないようなアイデアは平凡で無難なものですから、意味がありません。

その点、ブレインライティングなら人前で意見を話す不安もなく、参加者の意見をすべてすくい上げることができます。意見を交わすことなくハイスピードでアイデアを出すため、最終的なアイデアの量も多くなるはずです。

実はブレインライティングの考え方は10数年前からあり、すでにいくつかの研究でよい成果が出ています。

ある実験では、「ひとりで紙にアイデアを書き出す」パターンと比較したところ、「ブレインライティング」を使ったグループは、37％もよい考えが浮かんだという結果が確認されました。

チームでアイデア出しをすることが多い人には、ぜひ使ってほしいテクニックのひとつです。

■高速ブレインライティングならさらにアイデアが量産できる

ブレインライティングの基本がわかったところで、さらに効果の高い応用編に進みましょう。その名も、「高速ブレインライティング」です。

その名のとおり、書き出しとレビューを素早く行う方法で、以下のプロセスを何度もくり返す形で行います。

1　解決したい問題や疑問を決める
2　8分かけてアイデアを書き出す
3　3分で隣の人からもらった紙をレビューする

ご覧のとおり、ブレインライティングよりも、大幅に作業時間が短くなっています。1回のセットにかかる時間はほんの11分なので、めんどうなミーティングの効率を大きく上げることができるでしょう。

「高速ブレインライティング」のポイントは、とにかくアイデア出しとレビューをスピーディに行うことです。この方法を57名のサラリーマンで確かめた研究では、普通のブレインライティングより74%もアイデアが出やすくなったと報告されており、間違いなく試す価値があるテクニックのひとつです。

実際のところ、私もチームで仕事をするときは、積極的に高速ブレインライティングを使うようにしています。驚くほどスタッフから大量のアイデアが出るようになり、同時に質も向上しました。

ただし、慣れていないと高速のアイデア出しのスピードに追いつけない可能性が高いので、まずは通常の「ブレインライティング」で頭を慣らしてからチャレンジしてみてください。

■ PCを使った エレクトリック・ブレインストーミング

もうひとつ、「エレクトリック・ブレインストーミング」という手法も、近ごろ大きな注目を集めています。

こちらはアメリカのアリゾナ大学やクイーンズ大学などが積極的にすすめているテクニックで、以下のように行います。

1 会議の参加者は、他の参加者と顔を合わせることなく、自分のアイデアをコンピューターに入力する

2 それと同時に、モニタには他の参加者が書き込んだアイデア（誰のものとわかることなく）もリアルタイムで表示される

この手法を使うと、会議の参加者は他人の顔色をうかがわずにアイデアを提案できるため、ブレインストーミングに特有の問題点がクリアになります。

具体的には、PCを使うおかげで他者の評価による不安は限界まで消えますし、他人がアイデアを言っている間に自分のひらめきを忘れてしまう問題も解決されます（専門的に「プロダクションブロッキング」と呼ばれる問題です）。

アリゾナ大学の報告によれば、「エレクトリック・ブレインストーミング」を使った参加者の多くは、通常の倍ものアイデアを生み出せるようになったとのこと。

このテクニックを使うためのPC環境を用意するのが大変そうに思われるかもしれませんが、「Slack」や「Chatwork」のようなビジネスチャットアプリを使えば、意外と簡単に「エレクトリック・ブレインストーミング」を実践できます。グループ内でのアイデア出しが劇的にうまくいくので、使ってみてください。

思いつきを
カタチにするツール

3

マインドマップ

■なぜ、マインドマップが発想力を高めるのか

発想法の定番といえば「マインドマップ」でしょう。イギリス人作家、トニー・ブザン氏が提唱した発想ツールのひとつで、頭のなかで起こっていることや複雑なテーマを、一枚の絵のように可視化できるようにした思考術のことです。

最近は「マインドマップ」の科学的な検証も進んでおり、その効果を示したデータもいくつか存在します。

たとえば、もっとも精度が高いものとしては、2006年にサイモンフレーザー

大学が行ったメタ分析があります。過去の実験から質が高い55件を抜き出して5818人分のデータを精査した内容で、信頼性が高いものです。

この研究は「マインドマップは勉強に使えるのか」や「記憶力や発想力は上がるのか」という問題について調べたもので、次のような結論を出しています。

1 マインドマップをつくりながらテキストを読んだ場合、何もしない場合に比べて「中から大程度」ほど記憶に残りやすくなる
2 マインドマップを使うと情報が整理されやすくなり、そのせいでアイデアも生まれやすくなる

つまり、**読書や勉強の内容をマインドマップに起こすことで、普通の学習よりも理解力が上がり、発想の力もアップしたのです。**

なぜマインドマップに効果があるのでしょう。

そもそも人間は論理的な思考が苦手な生き物ですし、脳が一度に処理できる情報量には限りがあります。私たちの脳は短期的にものごとを覚えておくのが苦手で、数を覚えるなどの簡単な情報だと4個まで、ちょっと複雑な情報になると一度に1つしか処理ができません。

ところが、それらの情報をいったんマインドマップに書き出してしまえば、そのぶんだけあなたの脳には余裕が生まれます。この余裕のおかげで脳は別のことにリソースを回せるようになり、結果的に発想力も高まるのです。

■ マインドマップは試行回数のアップに使える

マインドマップが役立つ理由としては、「試行回数を増やすのに役立つ」というのも大きなポイントです。

「いまよりもっとよい方法はないか」、「もっとよい製品にならないか」など、よいアイデアというのは考えれば考えるほど浮かびやすくなるものですし、いろいろな組み合わせを試せば試すほど質も高くなります。よいアイデアを生み出すためには、試行回数を増やすのが基本中の基本です。

よいアイデアには、すぐに思いつくようなショートカットはなく、基本的には創造性には長い時間が必要となります。その生涯で約15万点もの作品を制作したピカソをはじめ、世界三大SF作家のひとりアイザック・アシモフなど多作の作家も数多くいます。なかには駄作もあったことでしょうが、多作だったおかげで後世に残るような名作が書けたのは間違いありません。

この考え方は実際のデータでも確認されています。ノースイースタン大学が行った研究を見てみましょう。

研究チームは、1893年から現在までに活躍した2887人の科学者をピックアップし、全員が生涯で出版した論文の引用数を調べて、「科学者が最高の仕事をしたのは人生のどのタイミングだったのか？」を分析しました。科学でも芸術の世界でも、一般的には「創造性は若いころのほうが高い」と言われますが、本当のところはどうなのかをチェックしたのです。

結果としては、25才ですごい仕事をする人もいれば、60才で最高傑作を生み出す人もおり、その発生率は完全にランダムでした。**世に認められる仕事をするかどうかに、年齢は関係がなかったわけです。**

それでは、偉大な仕事を残すためにもっとも重要なことはなんなのでしょう？　そのために必要な要素は、大きく2つに分かれます。

1　生産性＝一定のペースで何かを生み出し続けられる能力
2　Qファクター＝自分の仕事に必要なスキルの集まり（モチベーションや好奇心なども含まれる）

これら2つの要素のうち、「Qファクター」は、努力だけで改善するのは困難を極めます。「生まれつきの才能」にかなり近い概念なので、トレーニングで後天的に向上させるのは難しいからです。

実際にこの研究でも、「人生の初期にQファクターが低い人は、その後に大きな仕事をする確率も低い」という傾向が出ています。つまり、「Qファクター」を高めるためにリソースを割くのは現実的ではありません。

となれば、自分の力でコントロールできるのは「生産性の維持」でしょう。要するに、**「何歳になっても一定の生産性をキープできるかどうか？」こそが、あなたが偉大な成果を残せるかどうかの鍵となるわけです。**

心理学者のアダム・グラントも、『オリジナルズ』という著書のなかで、「新しいことを成し遂げた人たちは仕事量が多い」というデータを紹介しています。よほどの天才でもない限りは、とにかくあきらめずにコツコツと生産性をキープし続けるのが現実的なやり方なのです（ただし、数学や詩作のように、若いころのほうが絶対に有利なジャンルもいくつか存在しますが）。

ノースイースタン大学の研究チームは、「このデータから確実に言えるのは、『あきらめるな』ということだ。あきらめたら、そこであなたの創造性は終わる」とコメントしています。「下手な鉄砲も数撃ちゃ当たる」などと言いますが、発想力の点からすれば、この格言は実に的を射たものだと言えるでしょう。

ただし、ひと口に「試行回数を増やす」と言っても、そう簡単にできることではありません。続けることが大事だと頭ではわかっていても、なんとなく漫画やゲームに時間を費やしてしまったりしたことはあるでしょう。

そこで役に立つのが「マインドマップ」です。とりあえず思いついたことをマップに放り込んでおけば、次にそれを見直すたびに情報の意外な結びつきに気がつきやすくなり、よいアイデアが生まれる確率は高まります。つまり、**「マインドマップ」を見るだけで、あなたは試行回数を増やしたことになるのです。**

私もスマホのなかに複数のマインドマップを保存し、暇があれば眺めるようにしています。何もないところからアイデアを出せと言われてすぐに出せる人はいませんが、アイデアのタネを常にマインドマップで持ち歩いていれば、手軽に試行回数を増やすことができるわけです。

■マインドマップの効果を高める「色分け」の手法

マインドマップの具体的な使い方については書籍がたくさんあるのでここでは詳述しません。その代わりに、マインドマップの効果をさらに引き出すための小技をお伝えしておきましょう。

まず大事なのは色の使い方です。マインドマップというと多様な色を使いたくなってしまいますが、**アイデアを出すためには、基本的には青か緑を中心に使ってください。**

2009年、ブリティッシュコロンビア大学が118人の男女を集め、「代替用途テスト」、「単語記憶タスク」、「遠隔連想テスト」といったテストで被験者の創造性をチェックする実験を行いました。その際に、全体を2つのグループに分けています。

1 PCの背景を赤くするグループ
2 PCの背景を青くするグループ

すると、赤い背景でテストを行った被験者は分析的なタスクの成績が上がり、青い背景でテストを行った被験者は創造的なタスクの成績が向上しました。

このような違いが出たのは、ヒトの脳は目に入る色彩によって思考のモードを切り替えるからです。赤は警戒色などと言いますが、実際に脳も赤色に対しては脅威や興奮を覚え、分析モードに切り替わりやすくなります。このモードは数学の問題や論理テストなどを解くのには向きますが、逆に言えば自由に発想を広げる妨げになってしまいます。

一方で青や緑は大空や自然を連想させるので、脳がリラックスと安心感を覚え、創造モードのスイッチが入ります。そのおかげで脳は自由に考えられるようになり、よいアイデアが生まれる可能性も高まるのです。

この効果は、ＰＣの壁紙を青くする以外の方法でも得ることができます。いくつか例をあげましょう。

- **デスクに観葉植物を置く**
- **部屋の壁に空の写真を飾る**
- **緑や青のペンで落書きをする**

いずれにせよ、アイデア出しのためには青や緑を中心に使い、脳が警戒モードに切り替わらないように注意することが重要です。

■イラストが苦手ならマンダラートを使う

絵を描くのが苦手な人は、「マンダラート」というツールを使うのも手です。これはデザインコンサルタントの今泉浩晃氏が考案した手法で、その名前は仏教に登場する曼荼羅《マンダラ》模様に由来します。

まずは「マンダラート」の簡単な使い方を見てみましょう。

1 紙に縦3マス×横3マス、合計9マスのマス目を書く
2 中心のマス目に、これから思考や発想を深めたい課題を書き込む
3 課題を書いたマス目の周りのマスに、課題に関連した語句を思いつくままに記す
4 9マスすべてを埋めたら、課題以外の8マスのなかから1マスを選択し、そのマスに記入されていた語句を、別紙に書いたマンダラート中心のマスに転記
5 新しいマンダラートは③の手順に戻り、そこから繰り返す

このように、9つのマス目をつくり、その一つ一つにアイデアを書き込んでいくのが「マンダラート」の基本です。**中央に置いたアイデアから放射状に思考を展開していくため、マインドマップのようにイラストは不要ですし、よりシステマチックに発想を広げることが可能になります。**

実際にやってみるとわかりますが、「マンダラート」のマス目を埋めれば埋めるほど、「自分はどのようなことに問題意識をもっているのか」や「その問題を解決するにはどうすればいいのか」といった優先順位が明確になります。そのおかげで、いつもより違う考え方をしやすくなるわけです。

「マンダラート」を行う際のポイントは、あまり難しく考えずに、テーマから派生するイメージを自分なりの言葉にすることです。何も浮かばないときは中心のマンダラートを変更するか、次のマンダラートへ移っても構いません。

この作業をくり返せば、アイデアの量が増えるだけでなく、異なる発想の組み合わせも見つけやすくなります。マインドマップと併用して、マンダラートも使ってみてください。

思いつきを
カタチにするツール

4

創造性レシピを使う

■ 創造性に必要な12の要素をチェックしてみる

思いつきを磨いて使えるアイデアにするために役立つツールの4つ目は、「創造性レシピ」です。

これはケント大学が2018年に行ったメタ分析をもとにして発見したテクニックで、研究チームは、まず1950〜2009年までに出版された数千の記事から、創造性について解説しているものをピックアップ。そこで見つかったデータで言語分析を行い、創造性に関連する単語を694個ほど抜き出しました。

ここでチームが調べたのは、「よいアイデアを思いつくのに必要な要素とは何か？」というポイントです。

ひと口に「創造性」と言っても、そこには「独創性」や「多様性」、「問題の解決力」などさまざまな構成要素が存在しており、「よいアイデアを思いつくにはどうすればいいいんだろう？」などとボンヤリ考えてみたところで何も始まりません。しかし、いったん「創造性」を構成するパーツを分解すれば、「よいアイデア」という漠然とした概念も理解しやすくなるでしょう。

この発想は、料理にとても似ています。カレーライスの完成品をただ眺めて「これはどうやってつくるのだろう？」と考えたところで、正確なレシピにたどりつくのは至難の技でしょう。しかし、いったんカレーライスの構成要素を分解して、「カレーにはターメリックとガラムマサラが必要で、あとはジャガイモとニンジンを……」といったように切り分けていけば、一気に料理がしやすくなります。

「よいアイデア」を生む作業も同じで、いったん「創造性」に必要な要素を切り分ければ格段にとっつきやすくなります。このテクニックが「創造性のレシピ」と呼ばれるゆえんです。

チームの分析の結果、「創造性」には次の12の要素が必要なことがわかりました。

1 積極的な行為と忍耐
2 不確実性に対する柔軟性
3 特定ジャンルの能力
4 全体的な知性
5 結果の生成
6 自由と独立
7 意図と感情の関与
8 前進と発達
9 社会的な交流とコミュニケーション
10 無意識の反応
11 社会への貢献
12 多様性の実験

研究チームは、「これら12の要素がうまく組み合わさったときに『よいアイデア』が生まれやすくなる」と言います。それぞれの要素を簡単に説明しておきましょう。

1　**積極的な行為と忍耐**：クリエイティブな活動に積極的に取り組むことと、何かの問題が起きても粘り強く取り組むことを意味します。要するに、熱意とガマン強さが大事だというわけです。

2　**不確実性に対する柔軟さ**：あいまいな情報や矛盾した情報、不完全な情報に対してイライラせず臨機応変に対処できる能力を意味します。決まったルーチンに頼らなくても行動できるメンタルのことです。

3　**特定ジャンルの能力**：自分の仕事や趣味に対する知識、技術、経験知の総合を意味します。仕事で使った英語のスキル、学生時代に学んだ統計の知識、趣味で勉強した西洋絵画の情報など、あなたが人生で取り入れてきたあらゆる知識や経験を合わせたもののことです。

4　全体的な知性：一般的な常識やIQの高さと、メンタルの健全さを意味します。IQは遺伝の要素が大きいので簡単には鍛えられませんが、一般的な常識は備えておくように心がけましょう。

5　結果の生成：何らかのターゲットやゴール、結果に向かって行動することを意味します。「これまでになかったものをつくるぞ!」という情熱もここに含まれます。

6　自由と独立：自分の活動の内容を、他人の知識に流されることなく自分一人の意思でちゃんと決められることを意味します。社会的な圧力や文化的なバイアスから自由な状態とも言えるでしょう。

7　意図と感情の関与：「よいアイデアをつくる!」という意識をもって取り組み、アイデアを形にするプロセスに没頭することを意味します。「よいアイデアを出して誰かにほめられたい」といった動機ではなく、何かをつくり出すプロセスそのもののから喜びを得られるかどうかが重要なポイントです。

8　前進と発達：ものごとをつくり出すプロセスのなかで、何かしら前に進んでいる実感があることを意味します。もし目の前の作業が停滞していても、全体的なプロジェクトが前に進んでいたり、重要な情報が集まっていたりと、なんらかの進展があるかどうかが大事になります。

9　社会的な交流とコミュニケーション：他者や社会からのフィードバックが得られることを意味します。自分がどのような作業をしているのかを他者にきちんと伝えられることができたり、自分の作業について周囲からアドバイスが得られたりと、いろいろなフィードバックを得られるかどうかがポイントです。

10　無意識の反応：完全主義になりすぎず、ある程度のコントロールを無意識にまかせられることを意味します。全体のプロセスを意識してコントロールしようとせず、理屈ではなく直感に頼る姿勢のことです。

11 社会への貢献：自分のアイデアが、どれだけ社会の役に立つか？ という点を意味します。他者を幸福にするという視点がないと、質の高いアイデアが出にくくなってしまいます。

12 多様性の実験：さまざまなタイプのアイデアをつくり出して、いろいろなオプションを試すことを意味します。126ページでも触れたとおり、アイデアの質は量に比例するため、とにかく試行回数を増やさなければ成功はおぼつきません。

以上の「創造性レシピ」はチェックリストのように使うのがおすすめです。

たとえば、上司から「何か新しい企画を出して」と言われたが、何も思いつかずに困ってしまったとしましょう。こんなときに、「創造性レシピ」を眺めながら、「いまの自分に足りない要素はなんだろう？」と考えてみるわけです。

その答えは人によって大きく異なり、ある人は「もっと社会の役に立ちそうな企画を考える」のが正解なのかもしれませんし、またある人は「趣味で勉強した知識を活かすべき」なのかもしれません。

さらには、シンプルに「自分には一般的な常識が足りないのかもしれない……」と気づく人もいるでしょうし、「他者からのフィードバックが足りなかった」と思い至るケースもあるでしょう。

とにかく重要なのは、「創造性のレシピ」を見ながら、ピンと来たものに端から取り組んでみることです。もちろん、それでもよいアイデアが浮かばないケースもありますが、なんのとっかかりもなくアイデア出しをするよりは確実に効率的でしょう。

思いつきを
カタチにするツール

5

おもしろいアイデアに共通する12のパターンを使う

■おもしろいと思われるアイデアにはパターンがある

発想法の世界には、「アイデアは既存の要素の新しい組み合わせでしかない」という格言があります。

アメリカ広告審議会会長のジェームス・W・ヤングが『アイデアのつくり方』という著書のなかで述べたもので、ゼロから生まれたまったく新しいものなど世の中には存在せず、すでに誰かが考えたいくつかのアイデアを混ぜたものが「新しい発想」として評価されるという事実を的確に表現した名言です。

この言葉にうなずく人は多いでしょう。ちょっと周囲を見渡しただけでも、組み合わせを使ったプロダクトはいくつも見つかります。

消しゴム付きの鉛筆、ＰＣと電話を合わせたスマートフォン、「Ingress」と「ポケットモンスター」をミックスした「ポケモンＧＯ」、健康とコーラという意外な組み合わせでヒットした「コカコーラ・プラス」……。

いずれも既存の発想を混ぜ合わせて大評判を呼んでいます。「組み合わせ」ほど確実性が高い発想法も他にないでしょう。

そこで最後に紹介したいのが、「おもしろいアイデアに共通する12のパターン」というツールです。社会学者のマーレイ・デービスが提唱するテクニックで、過去に発表された「発想法」にまつわる理論を分析したうえで、おもしろいアイデアに共通するパターンを抜き出した研究がベースになっています。

この研究でデービス博士が調べたのは、「人間がおもしろいと思うものには、どのような共通点があるのか？」というポイントです。言わずもがな、私たちが「これはおもしろい！」と感じやすいパターンが見つかれば、斬新な発想を探す作業は格段にラクになるでしょう。そのパターンに合ったアイデアをいくつか考えたうえで、思いついたものを組み合わせていけばいいだけだからです。

それでは、私たちはどのようなものごとに「これはおもしろい！」と感じる性質があるのでしょうか？

デービス博士が提唱するのは以下の12パターンです。

1　でたらめに見える現象に法則があった

例：芸能人のゴシップに関連したニュースが急増する背景に、政府のスキャンダルを隠そうとする動きがあった

2　さまざまな要素でできていると思われた現象が、実は1つの要素でできていた

例：怒りや喜び、悲しみといった複雑な感情が、実はすべて脳内ホルモンのバランスで説明できる

3　**小さな現象の裏に、もっと大きな理由があった**

例：日本人の自殺が年間3万人にまで増えた理由はデフレが原因だった

4　**一部の現象に見えて、実は一般的な現象だった**

例：本屋に行くとトイレに行きたくなる人は思ったよりも多く、実は「青木まりこ現象」という特定の名前までついている

5　**不変に見えた現象が、実は変化していた**

例：人間の細胞は半年ですべて入れ替わる

6　**非効率に見えた現象が、実は効率的だった**

例：昼寝は仕事のスピードをアップさせる

7　**悪いと思われた現象が、実はよいものだった**

例：貧乏ゆすりは冷えやむくみの解消に役立つ

8　無関係そうなものが、実は関係していた

例：低コレステロールがうつ病を引き起こす

9　セットだと思われたものが、実は両立しなかった

例：現代の科学では、恋愛と結婚は両立しないが結論になっている

10　正の相関があると思われたものに、負の相関があった

例：所得が低いほど肥満の割合や喫煙率は高くなる

11　ほぼ同じと思われたものが、別物だった

例：チャーハンとピラフ、そうめんと冷むぎ、クッキーとビスケット、から揚げと竜田揚げ、焼き肉とバーベキューの違い

12　結果と思われたものが、実は原因だった

例：悪いことをするから不良なのではなく、不良と呼ばれた者が悪い行動をとる

以上が、おもしろいと思われやすいアイデアに共通する12のパターンです。**これらの要素をふくむアイデアほど世の中にウケやすく、ヒットの確率も高まると考えられます。**

これから企画などを考える際は、たとえば次のように考えてみてください。

■このアイデアは、12パターンのどれかに当てはまっていないだろうか？

■もしいまのアイデアがどのパターンにも当てはまらないときは、表現の方法などを変えて、パターンに当てはまるようにできないか？

■逆に、12のパターンのなかから、いま考えねばならないアイデアに適用できそうなものはないか？

私の場合も、新しいアイデアを実行に移す前には、この12のパターンをよく使います。いったん「いまのアイデアを12のパターンにできるだけ多く当てはめるには、ど

うアレンジすればいいのだろう？」と考えて、足りない分を補うように努めているのです。

せっかく思いついたアイデアも、世間の人たちに受け入れてもらえなければ意味がありません。そんな事態を防ぐためにも、この12パターンを意識しておいてください。

思いつきをカタチにするツール

1　「ヤヌス的思考法」で矛盾する要素を意図的に探し、
矛盾を解決できる発想に磨き上げる

2　ブレストよりはるかに効果的な
「ブレインライティング」でアイデアを量産する

3　「マインドマップ」で試行回数を増やして
理解力・発想力を飛躍的に高める
9つのマス目を使う「マンダラート」もおすすめ

4　よいアイデアを思いつくのに必要な12の要素である
「創造性レシピ」で、自分のアイデアをチェックする

5　「おもしろいアイデアに共通する12のパターン」を
常に意識して、思いついたアイデアを補強する

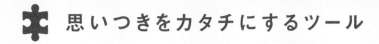

第 4 章

どうしてもアイデアが出ないときに役立つ12のスランプ脱出法

ここまでいろいろな発想法を紹介してきましたが、それでもよいアイデアが浮かばないという場面は少なくありません。

歴史に名を残すような有名人や成功者であっても、なかなかアイデアが浮かばず、人知れずもがき苦しんだ時期は必ずあります。

よいアイデアを生み出すのはそれぐらい難しい作業であり、蛇口をひねるようにアイデアが湧き出てくる人などいないのです。

発想はまったくのゼロから生まれるわけではなく、それまでの自身の経験や見聞きしたものを組み合わせ、掛け合わせて偶然のように得られることが多いもの。

たとえばトレーニングジム。クラブのように暗い空間で、大音量の音楽とともに数十分間身体を動かすことで効率的に脂肪燃焼できることで話題の暗闇フィットネスは、クラブ＝音楽＝リズムに乗って楽しく運動という発想から生まれた好例と言えるでしょう。

このようによいアイデアは、一見すると無関係に見える事柄や、日々の何気ないインプットから生まれます。奇抜なアイデアが浮かばないからといって、あなたがつまらない人生を送っているというわけではありません。単にアウトプットの方法がわかっていないだけです。

そこで、この章からは、なかなかよいアイデアを思いつかないような状況で、追加で使えそうな発想のテクニックをご紹介します。いずれも数分でできるような手軽なティップスだけを集めたので、3章までの手法のサポートとしてお使いください。

スランプ脱出のためのTIPS

1

目を閉じる

■簡単に「ひらめきモード」に入るための方法

よいアイデアを生み出す方法としてもっとも手軽なのは、「おもむろに目を閉じる」という方法でしょう。実は、軽く目を閉じてみるだけでも、あなたの創造性はアップするのです。

ミラノ・ビコッカ大学の実験では、38名の学生に「創造性テスト」をやってもらい、そのときの視線の動きをチェックしました。「創造性テスト」とは、たとえば

「いち（1）、おもり（重り）、きた（北）の共通点は？」といった「あるなしクイズ」のようなタスクを意味します。

その結果は、次のようなものでした。

■まばたきの数が少なくて視線が動かない参加者ほど、ひらめきが生まれにくかった
■まばたきの数が多くて視線がよく動く参加者ほど、ひらめきが生まれやすかった

どうやら人間の視線というものは、分析的な思考が働いているときほど動かなくなり、逆に注意が自分の内面に向くと、まばたきが起こりやすくなるようです。

この現象について研究チームは、「問題を解く段階でまばたきの回数が多くなるほど、ひらめきが生まれる確率も高くなる。おそらくドーパミンの機能が高まるからだろう」と言います。

ご存じの方も多いでしょうが、ドーパミンは集中力アップやモチベーションの維持に欠かせない脳内伝達物質です。目を閉じると私たちの頭のなかにはドーパミンが増え、そのおかげで注意力や認知機能が高まった結果、脳が「ひらめきモード」に入っていくわけです。

みなさんのなかにも、なんとなく白い壁を見つめたり、ぼんやりと外をながめていたらよいアイデアが浮かんだという経験がある人は少なくないでしょう。これは、外部の刺激から一時的に意識がそれたおかげで、自己の内側に注意が向き直ったからです。

何かいいアイデアが必要になったときは、ひとまず静かに目を閉じてみましょう。それだけでもあなたの脳は、「ひらめきモード」に入りやすくなるはずです（ちなみに、「いち（1）、おもり（重り）、きた（北）の共通点は？」というクイズの答えは、「言葉の先頭に『あ』をつけると、すべて県名になる」でした）。

スランプ脱出のためのTIPS

2

シャワーを浴びる

■特によいアイデアを生みやすいのは朝のシャワー

ひらめきやアイデアはふとしたときに湧き起こるもの。たとえばシャワー中に思いもよらないアイデアが浮かんだという経験をおもちの方は多いでしょう。ほぼ無意識のうちにお湯を浴びるシャワーの間は、極めて私的な空間ということもあいまって、一種の瞑想状態に近い精神状態とも言えるからです。

数多くの研究によっても、シャワーは創造性との強い相関が示されています。これは、シャワーが高いリラックス効果をもつのが原因のひとつで、カウフマン博士による研究では、どんな人口層を調べても、必ず全体の72%がシャワーを浴びている間によいアイデアを思いついた経験をもっていました。なかでもアイデアの発生率が高いのは、朝のシャワーだったとのこと。

シャワーには、自分の肌と周囲の環境の境目があいまいになったかのような感覚があるため、脳が創造モードに切り替わって「孵化」のプロセスが進みやすくなります。周囲との境目がなくなったせいで、あたかも周りの空間が広がったような錯覚が生まれて、自然と発想も広がっていきます。

何よりシャワーを浴びるとすっきりして気分転換にもなりますし、手軽にできる方法なので、家でアイデアに煮詰まったら試してみてください。

スランプ脱出のためのTIPS

3

いい気分になる曲を聴く

■創造性がアップする音楽とその聴き方

アイデア出しのときに、好きな音楽をかけるという人は多いでしょう。ミーティング時には必ず音楽をかけることで会議を活性化させるという会社もあるほどですが、果たして音楽は創造性に効果があるのでしょうか？

実は、近年のデータでは、「音楽で創造性が下がる」という結論が出ています。

たとえば、ランカスター大学などが30人の男女に行った実験を見てみましょう。これは被験者に「遠隔性連想検査」（155ページの「あるなしクイズ」に近いテスト）をやってもらいながら、同時に何種類かのＢＧＭを流すというものです。

「遠隔性連想検査」は、「ワーキングメモリの性能がどれだけ高いか？」や「よいアイデアを思いつくことができるか？」を測るために使われる定番のテストで、その信頼性には定評があります。

実験では、被験者には19問のクイズに挑んでもらいつつ、ＢＧＭのパターンを４パターンに分けました。

1 歌詞がよくわからない曲を流す（King of Wishful Thinkingのスペインバージョン）
2 みんなが知っている大ヒット曲を流す（ファレル・ウィリアムスの『Happy』）
3 歌詞がない曲を流す（King of Wishful Thinkingのインストバージョン）
4 無音の状態

そのうえでクイズ結果を見たところ、どんなタイプのＢＧＭだろうがテストの成績は下がったのです。創造性が下がらないのは無音のときだけで、ＢＧＭはとにかく創造性を下げる可能性があるのではないかという結論になりました。

この結果について研究チームは、「遠隔性連想検査を解くには脳内で単語をつぶやく必要があるから」だとしています。ワードクイズを考えるときは、誰しも心のなかで「えーと、この3つに共通するのは……」のように言葉で思考しますが、この作業と音楽がバッティングしてしまい、被験者は音楽の変化に影響を受けやすくなってしまいます。これに対し、図書館の環境音などは変化が激しくないため、創造性に悪影響を与えにくいのです。

つまり、**音楽は情報量が多すぎるせいで、どうしても言語を使う作業とは食い合わせが悪いと考えられます。**この実験を見る限り、現代のポップソングよりは、アンビエントやクラシック音楽のほうが悪影響がなく、結局は無音がベストなのかもしれません。

ただし、過去には今回の研究とは違う結果も出ており、2017年の実験では「ビバルディの『四季』のように楽しい曲を聴くと、思考が拡散して創造性が上がる」という傾向も確認されています。

これはラドバウド大学の実験で、155人の男女を対象にしたもの。まずは全員を4つのグループに分け、それぞれに4パターンの感情を引き起こすような音楽を聞いてもらいました。

1 落ち着き：サン＝サーンス『動物の謝肉祭』
2 幸福：ビバルディ『四季』
3 悲しみ：サミュエル・バーバー『弦楽のためのアダージョ』
4 不安：ホルスト『火星、戦争をもたらす者』

そのうえで創造性に関するテストを実行し、どの曲を聞いたときにもっともよいアイデアを思いつくかをチェックしたのです。

結果は『四季』の圧勝でした。『四季』のアップテンポなメロディを聴いたグループは、一様に創造性テストの成績が上がったのです。

この結果について研究チームは、「ポジティブな気分や高揚感をもたらす音楽は、何も聞かない状態にくらべて『拡散思考』をうながしやすいようだ。一方で『収束思考』には特に影響が見られなかった」とコメントしています。**「拡散思考」とはひとつの問題に対して複数の解答を思いつく能力のことで、この思考ができる人ほどよい**

アイデアも思いつきやすくなります。

もうひとつの「収束思考」は、複数の問題からひとつの解答を導き出す能力のこと。難しい問題を論理的に解き明かしていくような思考法を意味します。

要するに、なんらかの企画を考えなければいけないときに必要なのは「拡散思考」で、その企画を現実化する段階で必要なのは「収束思考」です。どちらもビジネスライフには欠かせない思考法ですが、発想法という点では「拡散思考」のほうが大事になります。

クリエイティブな発想を生み出すためには、脳がリラックスモードに入る必要があります。そう考えると、ポジティブな音楽が脳をリラックスさせ、よいアイデアを産む確率を上げてくれる可能性は高いと言えるでしょう。

つまり、ここまでの話をまとめると、音楽で創造性を高めるためには次のようなステップを踏むのがおすすめです。

1　アイデア出しの前に楽しい曲を聴いてリラックスする

2　思考が拡散したところで無音にしてアイデアを練る

この使い方であれば、音楽のメリットだけを生かしつつ創造性アップにつなげることができるでしょう。ぜひ試してみてください。

スランプ脱出のためのTIPS
4
あえて単調な作業をする

■つまらない単純作業のときこそチャンス

シャープペンの芯を入れ替える、本棚の本をジャンルごとに分類する、領収書を月別にまとめる。

このような日々何気なくやっている単純作業で、よいアイデアが生まれると言ったら驚かれるでしょうか?

しかし、単純作業によって創造性が高まるのは、実験でも確認されたまぎれもない事実。カリフォルニア大学が124人の学生を対象に行った実験では、全体を4つのグループに分けて、それぞれに以下のような指示を出しました。

1 暗算のような頭を使うタスクをやるグループ
2 「紙束を数える」だけの単純作業をやるグループ
3 12分間の休憩をとるグループ
4 なんのタスクもせず休憩もしないグループ

その後、全員に創造性テストを行ったところ、グループ2の単純作業を行った被験者のみ成績がアップしました。これは、単調な作業のほうがマインドワンダリングが起きやすく、結果としてよいアイデアが出やすいのだと考えられます。

マインドワンダリングとはマインドフルネスの逆の状態を表す用語で、「心ここにあらず」の状態を指します。というとよくないことのようですが、**意図的にマインドワンダリングの状態に入る人ほど脳の前頭前野が発達しており、さらに創造性と集中力に関わる脳のネットワークがスムーズにつながることがわかっているのです。**

紙束を数えるような退屈な作業をしていれば、誰でも「今日は何を食べようか」や「明日の予定はなんだっけ?」のように、目の前のタスクとは無関係なことが頭に浮かぶでしょう。**この頭がボンヤリした状態が脳をリラックスさせ、先に紹介した拡散思考の発生率を高めてくれるわけです。**

単純作業というと苦痛なイメージがあるかもしれませんが、実際にはよいアイデアを生み出すチャンスでもあります。

今後は、単純作業をするときには「いまからマインドワンダリングに入るぞ!」と意識しつつ、思考がさまようままに放置してみましょう。確実によいアイデアが浮かびやすくなります。

スランプ脱出のためのTIPS

5

サイコディスタンスを増やす

■対象との心理的距離によって切り替わる脳のモード

天才は1％のひらめきと99％の努力、という言葉がありますが「よいアイデアを思いつく力は天性のもの」と言われたのは、もはや昔の話です。ここ数年の心理学の世界では「アイデアマンはつくれる！」という考え方が一般的になりつつあります。

なかでもよく聞くのが「サイコディスタンス」という言葉です。直訳すると「心理的距離」となり、その名のとおりなんらかの出来事に対するメンタルの距離を意味します。

たとえば、「5万円をもらえる」という出来事があったとしましょう。このとき、心理的な距離によって、多くの人たちは次のように反応が変わります。

■いますぐに5万円をもらえる（心理的な距離が近い）＝「借金を返そう！」
■1ヵ月後に5万円をもらえる（心理的な距離が遠い）＝「美味しいものでも食べよう」

このように、同じ5万円をもらう場面でも、心理的な距離によってお金の使い道は変わっていきます。

そのメカニズムを簡単に説明すると、第一に「1ヵ月後に5万円が手に入る」と考えた場合、あなたの脳は「5万円」を抽象的な存在として扱います。5万円を手に入れる時期が遠いせいで、どこかお金の価値が他人事のようになってしまい、現実味を感じられないのです。その結果、あなたはお金を空想的なものごとに使う方向で考えるようになります。

一方で、「いますぐに5万円が手に入る」と考えた場合、あなたの脳内では「5万円」のリアリティが一気に上がります。5万円が手に入るタイミングが近いせいで、脳が現金の価値を自分ごととしてとらえはじめるからです。すると、今度はお金に現実味が増したせいで、「借金返済」のような差し迫ったものごとに使いたくなっていきます。

これが、サイコディスタンスの考え方です。対象との心理的な距離によって、あなたの脳のモードは2つの方向に切り替わるのです。

■サイコディスタンスが遠くなるほどよいアイデアが浮かぶ

それでは、サイコディスタンスは、よいアイデアを思いつく能力とどのようにかかわっているのでしょうか？

実は、近年の研究では、サイコディスタンスが遠ければ遠いほどよいアイデアを思いつくと考えられています。この現象については実証データも豊富で、ある実験では、132人の男女を2つのグループに分けて、次のような説明をしました。

■この実験で得られたデータは、ここから3㎞離れたインディアナの大学に送られま

す

■この実験で得られたデータは、ここから3200㎞離れたカリフォルニアの大学に送られます

要するに、あらかじめ参加者のメンタルに、異なった距離のイメージを植え付けておいたのです。

その後、全員に「監獄の罪人が、ロープ1本で塔から抜け出す方法を教えてください」といった発想テストを出して、アイデアの質に違いが出るかをチェックしました。すると、遠距離のイメージをもった参加者ほど問題解決がうまくなり、実際によいアイデアを思いつきやすくなりました。

おもしろいのは、解決したい問題とは直接の関係がなくても、サイコディスタンスさえ遠くなればよいアイデアが出ているところでしょう。「3200㎞」といった遠い距離のイメージを頭に浮かべるだけで、まったく関係のないクイズでもよいアイデアを思いつく確率が高くなるのです。

また、この実験では、ほかにも「天井が低い部屋よりも、高い部屋で考えたほうが

よいアイデアが出る」という結果も出ています。距離でも天井の高さでもなんでもいいので、とにかく広々としたイメージを思い浮かべてみるのが大事なようです。

こういった現象が起きる理由は、**人間の脳には「サイコディスタンスが遠くなればなるほど抽象的な思考が活性化する」という性質があるからです。**

たとえば、あなたが狭い部屋で作業をしているところを想像してみてください。広々とした部屋で働くよりも、なんとなく意識が内側に向かい、集中して仕事ができるような印象があるでしょう。

一方で広々とした体育館のような場所で作業をしていると想像した場合、心も広々とした気分になり、これまでなかったようなアイデアを思いつきそうな気がしないでしょうか?

これらの実験から考えれば、積極的に「遠くて広いイメージ」に接していくことで、より発想が自由になっていくものと考えられます。いくつか具体的な例を挙げましょう。

■遠い国に出かけてみる（遠い国の写真を見るだけでもＯＫ）
■壮大な時間の流れを描いたＳＦを読む（『タウ・ゼロ』『２００１年宇宙の旅』など）
■まったくの異文化の人とコミュニケーションをとる
■天気のよい日に公園や海辺を散歩してみる
■夜空を眺める、またはプラネタリウムに行ってみる

「遠くて広いイメージ」の内容は、空間でも時間でも構いません。よいアイデアが必要になったときは、とにかく自分とはかけ離れたものへ意識的に接するようにしてみてください。

同様に、**もし身近な場所に広々とした作業場があるなら、そこでアイデア出しを行うのも手です。**

現実の作業空間の広さと脳内の広さには関連があり、狭い場所でいろいろ考えると、発想も縮小していくことがわかっています。小さな部屋にこもって会議をしてい

ると、視覚的な狭さが脳の分析モードを起動させて、どんどんアイデアが出なくなっていくのです。

一方、見晴らしがよくて天井も高いオフィスだと、視覚的な広さにより創造モードが起動し幅の広い発想がしやすくなります。『トイ・ストーリー』シリーズで有名なピクサー社のオフィスなどが好例です。

なかでも私がオススメしたいのは広々とした自然のなかを歩くこと。木々がもたらすさわやかなイメージのおかげでメンタルも改善し、よい発想が出やすくなります。

私自身も、時間があれば自宅近くで森林浴をしながら創造モードを発動させています。

スランプ脱出のためのTIPS

6

暗い部屋で考える

■照明の明るさをコントロールしてアイデアを生む

いま現在、あなたの部屋の照明は煌々としていますか？　それとも薄暗いでしょうか？

よいアイデアを思いつくという観点から言えば、正解なのは「薄暗い部屋」です。

私たちの脳は、暗い場所のほうが「ひらめきモード」に入りやすいとの研究データがいくつか報告されています。

ある実験では、150ルクスの暗い照明と、500ルクスの明るい照明、1500

ルクスの非常に明るい照明の3種類の部屋で、被験者に「できるだけオリジナリティの高い異星人」を描いてもらうという実験を行ったところ、暗い部屋で参加した被験者がもっとも好成績を残しました。日本の一般的なオフィスが300〜500ルクスの明るさなので、150ルクスの照明はかなりの暗さです。

驚いたことに、この実験では、暗闇について考えただけのグループも創造性がアップしたとのこと。実際に照明を落とさずとも、暗い部屋を思い描くだけでもそれなりの効果はありそうです。

暗闇で創造性が上がるのは、TIPS1の「目を閉じる」で紹介したメカニズムと同じです。薄暗い環境はまぶしい部屋に比べて、抑圧された感覚が少なくなります。**暗闇のおかげで細部から意識がそれ、自由さや自己決定感を引き出し、もっと大きな視点でものごとを考えられるようになるのです。**

手軽に取り入れられる方法なので、アイデア出しをするときは自宅照明のワット数を下げてみてください。

スランプ脱出
のためのTIPS
7

デスクに観葉植物を置く

■緑のペン、緑のカーテンでも効果がある

「オフィスのデスクなどに植物を置く」のも、よいアイデアを生むのに有効です。

植物の効果を示した事例としては、周囲に緑が多い病院に入った患者は病気の治りが早く、窓から緑が見える監獄で暮らす受刑者ほど病気にかかりにくかったというデータがあります。

これは主に心理的な効果によるもので、原始時代の人間は植物に囲まれて暮らしていたため、自然の光景や緑色を見ると安心感をもつように進化したのが原因だと言わ

れています。

植物と創造性の関係を調べた研究もあり、テキサスA&M大学の実験では、オフィスに観葉植物を置いただけで、よいアイデアを思いつく確率が15%もアップ、難しい問題にも柔軟に取り組めるようになったそうです。

観葉植物の効果を調べた研究はほかにも多く、次のような報告が出ています。

■オフィスに観葉植物を置いたら、従業員の疲労・ストレス・頭痛・咳・肌の乾燥が改善した

■オフィスに観葉植物を置くほど、従業員が病気にかかる確率が減った

想像以上に観葉植物のメリットは大きいことがわかると思います。

と言っても、身の回りに置くべきものは植物だけに限りません。

緑のペンを使ったり、緑のカーテンを部屋にあしらうだけでも創造性は上がるとのデータも少なくないからです。これだけ簡単なテクニックなら、使わない手はありません。

さらに手軽に自然の効果を取り入れたい方は、ＰＣの壁紙を森や庭の写真に変えてみるだけでもＯＫ。観葉植物は枯らせてしまうという人も、これなら心配無用ですね。ぜひいますぐ取り入れてみてください。

スランプ脱出のためのTIPS

8

海外旅行をする

■ 複数文化からの視点が創造性を高める

「海外で視点を広げよう」といったアドバイスをよく聞きます。私自身、ここ数年は1年の半分以上を海外で過ごしていますが、新たな発想やビジネスに関するひらめきを求めに行っていると言っても過言ではありません。

海外旅行のメリットはいくつかのデータで確認されています。

まずおもしろいのがオランダで行われた46人の男女を対象にした研究です。研究チームは、全員に2～3週間ほど初めての海外で過ごしてもらい、創造性に変化が出るかどうかを調べました。

創造性のチェックには「ギルフォードの代替用途課題」という定番のテストが使われています（「レンガ、タイヤ、スプーンなどの使い方を思いつく限り考えてください」と指示するというもの）。すると、旅行先で真新しい体験をしたグループはいろいろなアイデアを思いつく能力が向上し、大量の答えを生み出すことができるようになっていました。

さらには、シンガポールで行われた実験でも、似たような結論が出ています。

具体的には、

- **異文化に接した体験がある**
- **海外の友だちがいる**
- **外国語を勉強している**
- **他国の音楽や食べ物が好き**

といった特徴をもつ人は、教育レベルや収入などにかかわらず、オリジナリティが高いアイデアを思いつく傾向があったのです。異文化に触れて創造性が高まるというのは、直感的にもよくわかる話ではないでしょうか。

もうひとつ、2009年にINSEAD（フランスを拠点としたビジネススクール）が205人の学生を集めた実験でも、**海外で過ごした経験が長い人ほどクリエイティビティが高い傾向がありました。これは、海外体験が新たな視点を生み出すからだと考えられます。**

このように、海外旅行のおかげで視点が豊かになる現象を、専門的には「バイカルチュラル・パースペクティヴ」と呼びます。直訳すれば「複数文化による視点」となり、他の国で暮らすことで独自のアイデンティティを確立すると同時に、自国に住んでいたときのアイデンティティも失わない状態を意味します。

「バイカルチュラル・パースペクティヴ」の効果は実際のフィールドテストでも確認されており、ある研究では、複数の国のアイデンティティをもつ人は現実の世界でも斬新な仕事をする確率が高く、同時に組織内で出世する割合も高い傾向がありました。2つ以上のアイデンティティをもっていれば考え方も多面的になり、結果として創造性が高まるのはわかりやすい話でしょう。

その点で言えば、「バイカルチュラル・パースペクティヴ」を育むためには、誰もが画一的な体験をする海外ツアーではやや物足りないと考えられます。同じ国の人たちと行動し続けていれば、日本人とは異なる見方を学ぶことができないからです。

そこで、海外で過ごすときは、果敢にローカルな食事や文化に触れる、現地の人と積極的にかかわってコミュニケーションをとるなど、ガイドブックには載っていない体験をひとつでも多くしてみましょう。日本ではできない体験こそが「バイカルチュラル・パースペクティヴ」を育て、ひいてはあなたの創造性を上げてくれます。

スランプ脱出のためのTIPS

9

とにかく新しいものに触れる

■ 好奇心と脳内のドーパミンの効果

創造性アップのために海外旅行をするのが難しければ、単に「新しい体験」を心がけるのも有効です。

スポーツでもダンスでも料理でもいいので、まずはトライアルのレッスンに出てみる、気になる役者が出ている舞台を観に行く、または人にオススメを聞いてふだん手に取らないような本を読んでみるなど、いままであなたが試したことのない体験であればなんでもかまいません。

認知心理学者のスコット・バリー・カウフマンは、新しい体験をすることで、次のような循環が生まれると指摘しています。

1 脳内にドーパミンというホルモンが出る
2 ドーパミンのおかげでモチベーションと学習の能力が上がる
3 さらに新しい物事へ意識が向かい、再びより多くのドーパミンが出る

ドーパミンは、別名「やる気物質」とも呼ばれるホルモンの一種。新しい刺激で分泌量が増え、幸福感やモチベーション、情報処理能力、集中力などを高める効果があります。

新たなチャレンジが創造性アップに欠かせないのは、わかりやすいでしょう。

幼い頃からものづくりへの好奇心が旺盛だったトーマス・エジソンは、母親にさまざまな薬品がそろう地下室を与えられたことで研究に没頭し、初めて聴いたスティーヴィー・ワンダーのレコードに影響を受けたレディー・ガガは、その後さまざまな音楽に触れたおかげでわずか4歳で楽譜なしでピアノが演奏できるようになったそうで

す。

新たなことに挑む好奇心がある人は、無意識のうちに新しい情報を積極的に入れることでドーパミンの量が増え、さらにやる気が高まります。そのおかげでさらに未知の情報が手に入り、最終的には斬新な視点が生まれやすくなるわけです。

それでは、いまの時点であなたはどれだけの好奇心をもっているのでしょうか？現状を把握するために、以下の2つの質問に答えてみてください。それぞれの項目に対し、1（まったくあてはまらない）〜7（完全にあてはまる）の7段階で点数をつければOKです。

A　私は新しい経験や複雑な物事に対してオープンである
B　私は形式にこだわるタイプで融通が効かない

採点が終わったら、次のように計算して最終得点を出しましょう。そのスコアが、あなたの現在の「好奇心レベル」になります。

■**好奇心レベル＝（8－Bの点数）＋Aの点数**

自分の数字がわかったら、日本人の平均値と比べてみましょう。当然ながら、数値が平均よりも高いほうが「好奇心」を強くもっているということになります。

■**好奇心レベルの平均値・男性＝10・7　女性＝10・8**

あなたの好奇心レベルは平均値を上回っていたでしょうか？　好奇心のレベルが平均よりも高い人と低い人には、おおよそ次のような違いがあります。

■**好奇心レベルが高い：創造性が高く、想像力が豊かで、新しいものが好き。物事を深く考える。抽象的に物事をとらえる。芸術的なものが好き。**

■**好奇心レベルが低い：形式ばったものを好む。具体的に物事をとらえる。伝統を重んじる。新しいものが苦手。**

もしあなたの好奇心レベルが低かったとしても、ガッカリしないでください。先にも紹介したように、意識して「新しいこと」を日々の暮らしに取り入れていけば、少しずつ好奇心レベルは上がっていくからです。

いままで接点がなかった人の話を聞いてみたり、本屋で普段は手に取らないような雑誌を買ってみたり、近所の知らない酒場に入ってみたりと、やれることは無数にあります。「一日一新」の気持ちで、日々新しいチャレンジに取り組んでみましょう。

スランプ脱出のためのTIPS

10

ポジティブなムードを心がける

■アイデア出しは、あえてデッドラインを決めずに行う

ネガティブなときよりも、ポジティブな気分のほうがよいアイデアが浮かぶのは、誰にでも心当たりがあるでしょう。

たとえば散らかったデスクの上では何もやる気が起きなかったのが、片付いてすっきりしたデスクでは驚くほど仕事がはかどったり、従業員を叱ってばかりいた社長が、指示出しや叱咤を一切やめて彼らの自主性に任せてみたところ、職場の雰囲気がよくなり売り上げが倍増したという話もあります。

ポジティブなムードが創造性を生むのは、30年以上におよぶ研究でくり返し実証されている事実です。不安や悲しみなどのネガティブな感情が多いと、私たちの脳は分析的な思考へ傾いていきます。

なぜかといえば、不安や怒り、悲しみや落胆などの感情は、もともと「身の回りに危険が迫っている」事実を示すアラートとして生まれたため、ネガティブな気分になると、人間の脳は自動的に周囲の状況を細かく分析して危険から逃れようとするからです。

ネガティブな感情のせいで引き起こされた分析思考は、税金の計算や車の運転のような正確性と安全性が必要な作業では有効に働きますが、クリエイティブの面では悪影響を及ぼすことがわかっています。ネガティブになった脳は、どうしても創造性が落ちてしまうものなのです。

その理由は、「クリエイティブ」が知的なリスクをともなう行為だからです。

計算やデータ分析などは精密にやれば事足りますが、クリエイティブに絶対の正解はありません。たとえば企業のホームページを作成したりイラストを描いたりする場合には、クライアントからのＯＫが出るのか確信がもてず、どうしても失敗の不安がつきまとうはずです。

そのため、**創造的な作業を行うには、「安全」や「守られている」といった感覚が絶対に欠かせません。**新しいアイデアを思いついても、そのたびに「これは間違ってるかも…」と不安になっていては話が前に進まないでしょう。

その意味では、「締め切り」も創造性には逆効果となります。「時間に追われている」という感覚が無意識のうちにメンタルに脅威を与えるため、脳の創造性よりも分析的なスイッチがオンになるのです。**アイデア出しを行うときは、あまりデッドラインを厳密にしないほうがいいでしょう。**

もっとも、ネガティブな気分になったときに「ポジティブな気分に切り替えよう！」と思ってもなかなか難しいもの。そこでみなさんにオススメしたいのが、**「自分がポジティブになれそうなものごとを事前にピックアップして、片っ端からリスト化しておく」というテクニックです。**

リストアップするものは、あなたの気分をちょっとでもよい方向に改善してくれるならなんでもかまいません。たとえば猫と遊ぶ、映画を観る、ケーキを食べる、温泉に行く、好きなアイドルのＤＶＤを見るなど、気分をポジティブにしてくれそうなものであれば、書き出しておきましょう。

このポジティブリストは常に携帯しておき、アイデア出しが必要になったら、リストから好きなものを使って気分をポジティブに改善してみましょう。ネガティブなムードを追い払って環境を整えることで、アイデアを豊富に生み出すことができるようになります。

スランプ脱出のためのTIPS

11

スーツを着てみる

■ 着るもので創造性がアップする

カリフォルニア大学の研究で、「スーツを着ると創造性が上がる」ことを示したおもしろい実験があります。

研究チームは約60名の学生をスーツと普段着のグループに分けて認知テストを指示しました。すると、スーツを着た学生は抽象思考のレベルが高くなり、さらには自尊心もアップしたというのです。

「抽象思考」とは、その名のとおり大まかなイメージで物事をとらえる考え方のこと。逆にディテールを細かく考えていく場合は「具体思考」と呼びます。
たとえば「料理」を例にすると、2つの思考は次のように区別されます。

■完成した料理の香りや味をざっくり想像する＝抽象思考
■材料や手順を細かくイメージして料理をする＝具体思考

このほかにも、たとえばクラシック音楽を聴いたときに喜怒哀楽の表現を想像したなら抽象思考で、どんな楽器を使って演奏しているのだろうと考えたら具体思考。転職するときにその職業に就くことでどんな自分になりたいかを想像したら抽象思考、いつまでにどこで誰と働くかを考えた場合は具体思考です。

どちらの思考法も重要ですが、**よいアイデアがほしいときに欠かせないのは抽象思考。物事をざっくりととらえるぶんだけ思考の幅が広くなり、思いもよらない発想が浮かびやすくなるからです。**

それでは、なぜスーツを着ると抽象思考のレベルが上がるのでしょうか？

研究者は「フォーマルな衣装はパワフルな気分を高めてくれる。そのおかげで、世界に対する見方も変わるからだ」と推測しています。

スーツやドレスを着ると、誰でもビシッと背筋が伸びた気分になり、なんとなく自尊心が上がったような感覚になるでしょう。この感覚のおかげで不安や焦りなどのネガティブな感情がやわらぎ、創造性をアップしてくれるのです。

つまり、スーツでなくとも、何か自分の気分が上がるような服であればどんなものでもかまわないと考えられます。たとえば、お気に入りのアニメキャラのコスプレなどでも、創造性は上がるかもしれません。

余談ですが、カリフォルニア大学の研究チームは、ほかにもファッションで認知が変化する事例をいくつかあげています。

■スーツを着た人は、スウェットを着た人よりも金の交渉がうまくなる。また、スーツを着たほうが男性ホルモンのレベルも高くなった

■白衣を着た人は、カジュアルな服を着た人よりも注意力が高くなった

■赤いジャージを着たアスリートは、青いジャージを着たアスリートよりも運動能力が高くなった

制服マジックという言葉もあるとおり、人間はファッションの影響を受けやすい生き物だということがよくわかる結果です。

よいアイデアがほしいときは、スーツだけでなく自分がパワフルな気分になれる服を身につけてみてはいかがでしょうか。

スランプ脱出のためのTIPS

12

お茶を飲む

■ 紅茶がひらめき力をアップさせた研究データ

お茶にダイエット効果やリラックス効果があるのは周知のとおりですが、近年の研究では、さらに「クリエイティビティを高める働きがあるのではないか?」との可能性も指摘されています。

具体例として、北京大学が行った研究を紹介しましょう。研究チームは2つの実験をとおして「お茶と創造性の関係」を調べています。

ひとつ目の実験は50人の学生が対象で、お湯を飲むグループと紅茶を飲むグループとの2つに分けたうえで、全員に「レゴブロックでおもしろいものをつくってください」と指示。すると、紅茶を飲んだ学生のほうが、圧倒的にオリジナリティの高い作品をつくる傾向が見られました。

さらにもうひとつの実験では、40人の学生全員に「おもしろいラーメン屋の名前を考えてください」という大喜利のような指示を与えたところ、結果はやはり紅茶を飲んだグループの勝利。お湯だけを飲んだグループよりも、圧倒的に独創的な名前を思いつく回数が多かったそうです。

ただし、現時点ではまだお茶で創造性が上がる理由はハッキリしていません。一部の実験では、**お茶に含まれる「テアニン」というアミノ酸がリラックス作用をもたらし、脳の緊張がほぐれてよいアイデアが浮かびやすくなったのだと考えられています**が、今後の追試はまだまだ必要でしょう。

とはいえ、よいアイデアを生むにはリラックスが必須というのは、本書で何度もお伝えしてきた話です。お茶のもつリラックス作用が脳の「ひらめきモード」を引き出したと考えるのは、さほど不思議ではありません。いずれにせよ、お茶を飲むだけでもよいアイデアが出る可能性が高まるかもしれないなら、試してみない手はないでしょう。

ちなみに、先の実験で使われた紅茶はリプトンのティーバッグだったとのこと。アイデアに困ったときは、とりあえず安いお茶を飲んでみてください。

スランプ脱出のためのTIPS

1 おもむろに目を閉じると、簡単に「ひらめきモード」に

2 朝のシャワーを浴びればアイデアが浮かびやすい

3 アイデア出しの前には、
いい気分になる曲を聴いてリラックス

4 あえて単調な作業をすることで創造性と集中力が高まる

5 広々としたスペースでサイコディスタンスを
増やせば思考が活性化する

6 暗い部屋で考えると、自由な発想が浮かぶ

7 デスクに観葉植物を置くと、
ストレス・疲れが減り、創造性が上がる

8 海外旅行や異国の食事・文化を楽しむと、
斬新なアイデアが生まれる

9 新しいものに触れると、
ドーパミンの量が増えてやる気と発想力がアップ

10 アイデア出しの前に、
ポジティブな気分になる「好きなものリスト」を準備

11 スーツやお気に入りの服を着ることで、
抽象思考を研ぎ澄ませる

12 お茶（とくに紅茶）を飲むと、
脳の緊張がほぐれてひらめき力が上がる

第 5 章

疲れや怒り、悲しみなど、「ネガティブ」を思いつきに変える5つの裏技

Appleやピクサーで数々の業績を挙げた故スティーブ・ジョブズが〝聖人〟でなかったのは有名な話です。

たとえば、Appleの共同創設者であるウォズニアックとふたりでアタリ社のゲーム「ブレイクアウト」をつくったときは、事前に儲けを山分けすることになっていたにもかかわらず、ジョブズは報酬の5000ドルから4650ドルを着服。ウォズニアックには「報酬は700ドルだった」と伝え、350ドルしか渡しませんでした。

さらに、ジョブズには、彼が23歳の頃にできたリサ・ブレナンという非嫡出子がいましたが、長期にわたって認知を断り続けました。そのせいでリサの母親は、我が子を育てるために生活保護に頼らねばならなかったそうです。

このような悪名が重なり、1993年には、ジョブズはフォーブス誌が選ぶ「アメリカでもっともヒドい上司」にランクイン。社内でも、気分しだいで部下のクビを切る暴君として恐れられる存在でした。

しかし、その一方でジョブズが残した業績を認めない人は少ないでしょう。

ウォルター・アイザックソンの著書『スティーブ・ジョブズ』には、ジョブズがもつ消費者製品のトレンドや方向性をつかむ予見力や、当時は小さなCGスタジオでしかなかったピクサー社に多大な資金を投じ、部下たちのやる気を最大限に引き出すリーダーシップを発揮した事実が描かれています。

ジョブズがもつダークサイドは、彼が発揮した偉大な能力のコインの裏面でもありました。

このように、飛び抜けた発想力のある人が「ダークな側面」、一般的に言うネガティブな性格をもつことはめずらしくありません。

公開前の映画を無断でコピーして大儲けしたエジソン、自説を認めない学者をかたっぱしから破門にした精神分析の祖フロイト、友人から多額の借金をしたにもかかわらず一銭も返金しなかった野口英世……。

もちろんすべての偉人がネガティブな性格をもっていたとは言いませんが、ダークサイドをもつ人物が意外なほどのクリエイティビティを発揮するケースが多いのは事実。

ここ数年の心理学でも「人間のダークサイドは発想力につながりやすい」との見解

が当たり前になりはじめています。このような特性をうまく使うことで、人生を変えていくことができると考えられているのです。

そこでこの章では、人間のネガティブな側面を嫌うのではなく、逆に利用して発想力を高める方法についてご紹介しましょう。

ダークサイドを活用する裏技

1

「疲れ」と「退屈」を使う

■頭が疲れ切ったときにふと、いいアイデアが浮かぶ

遅い時間の電車やホームなどで、椅子にもたれかかったまま口を開けて放心状態のサラリーマンを見かけることがあります。なかなか疲れが取れなかったり、いくら寝てもボーッとしてしまうような状態は、現代人にはおなじみのものでしょう。

「自分は疲れすぎだな……」と思わず悲観したくなるような状況ですが、この「疲れ」を逆手に取ってアイデア出しに使ってみるのも手です。というのも、このように

頭が疲れ切って何も考えられないようなときほど、創造的なアイデアは浮かびやすく

なることがわかっているからです。

創造性の調査で有名な社会心理学者のロン・フリードマン博士は言います。

「頭が疲れ切ってもうろうとした状態のときほど、実は創造的なアイデアは浮かびやすい。創造的なアイデアを思いつくためには、ぱっと見は目的の達成とは関係なさそうな情報も考慮に入れる必要がある。**頭が疲れていると、こういった無関係の情報を排除しないため、創造性が高まるのだ**」

少しくわしく説明しましょう。もともと人間の脳には、外界から入ってくる無関係な情報をカットする機能がついています。テレビで見かけたどうでもいいニュース、街中で目にした店の貼り紙、昨日食べた昼飯の内容など、長期的には役に立たないような情報を無意識のうちに選別し、必要な情報だけを記憶の倉庫に残しておくような働きをもっているのです。

ところが、頭が疲れ切った状態だと、このような脳のフィルタリング機能が一時的に低下します。すると、本来は捨て去られるはずだった小さな情報が大量に頭に残り続け、ふとした瞬間にこれらのデータが脳内で予想もできなかったような結びつきを生むわけです。

再びフリードマン博士の言葉を引きましょう。

「創造性が高い人は、外界の余分な情報の流れに絶えずさらされている。普通の人は情報を分類して忘れてしまうため、その情報が思ったより価値があったとしても気づきにくい。一方で創造的な人は、常に新しい可能性にオープンでいられるのだ」

創造性が高い人は、脳のフィルタリング能力が弱いので、逆に新しいアイデアを思いつきやすいのです。

■ 疲労感は脳内の連想パワーをアップさせる

疲労感で情報を選り分ける能力が低くなると、創造性が高い人たちと同じような連想能力が働きはじめます。

たとえば、普段の状態で「黄色いデスクライト」を見ても何も思わないでしょうが、脳が疲れた状態のときは「黄色いライト→バナナ→スポンジボブ」のように、頭の引き出しから「黄色いもの」が次々に出現。この連想がさらに進むと、今度は「バナナを食べるスポンジボブ」や「ライトで遊ぶスポンジボブ」のように、引き出された情報が脳内で勝手に結びつきはじめます。このような連想のつながりが、やがて思いもよらないアイデアにつながるのです。

この現象は実験でも確認されており、ある研究では被験者にウォッカを飲ませたところ、軽く酔ったときのほうがシラフの状態よりも創造性テストの点数が高くなりました。また別の研究でも、被験者を疲れさせたあとのほうが、ナゾナゾのような問題を解くペースが早くなる現象が確認されています。

つまり、結論としては「創造的な作業は疲れたときを狙ってやる」のがオススメです。

■朝のうちは認知機能が働いて意志力も高いので、読書などのインプットに時間を割く

■日が暮れて疲れてきたら、短時間でもよいので新しいアイデアを考えて書き留める

このように、自分が疲れやすい時間帯を狙ってアイデア出しに使うのがいいでしょう。といっても、夜中にPCやスマホを使うと睡眠の質が下がってしまうので、**紙とペンのようなアナログツールを使うほうがベターです。**私の場合は、寝る直前などよいアイデアがひらめいたときには、iPhoneのSiriに話しかけてメモしてもらい、そのまま眠ってしまうテクニックをよく使っています。

疲れて頭がもうろうとした状態を好きな人は少ないでしょうが、これは逆に言えばひらめきのチャンス。うまく活用していきましょう。

■創造性を高めるコツは「退屈」を喜んで受け入れること

「仕事も勉強もなんだかつまらない……」「何をやっても退屈でしかたがない……」

こんなふうにお悩みの人はいるでしょうか？　なんともネガティブな状態のようですが、これは実は脳にとってのチャンスのとき。**「疲れ」と同じように、「退屈」にも創造性を高める働きがあるからです。**

「よいアイデアを生むためには、退屈よりも刺激が必要なのでは？」と思われたでしょうか？　しかし、これはまぎれもない事実で、セントラル・ランカシャー大学が行った実験でも確認されています。

研究チームは、まず被験者に「電話帳の番号を書き写す」という非常に退屈な作業を15分ほど続けるよう命じ、そのあとで「マグカップの新しい使い道を考えてください」という指示を与えました。すると、何もせずテストに挑んだ場合よりも、事前に退屈な作業をこなしたほうが格段によい答えが浮かんだのです。

さらに、もうひとつの実験では、被験者を「電話帳の番号を書き写すグループ」と「電話帳をひたすら読み続けるグループ」の2つに分類。創造性のアップ度をチェックしたところ、今度は「電話帳をひたすら読み続けたグループ」のほうが創造性が高まりました。

いずれも退屈な作業ですが、「電話帳をひたすら読む」よりは「電話帳の番号を書き写す」のほうがまだマシでしょう。書く作業があるぶんだけ脳への刺激は多いですし、軽いラクガキなどをして気をまぎらわせることもできるからです。この実験で、**退屈さのレベルが上がるほど創造的なアイデアを思いつきやすくなる事実が明らかになりました。**

このような現象が起きたのは、**退屈を感じることで「いま私は新鮮な刺激を必要としているのだ！」と脳にシグナルが送られるからです。**指令を受けた脳は刺激を生み出すために活性化され、この働きが最終的に創造性アップにつながっていきます。退屈なほど空想にふける時間が増え、これが創造性のアップに役立つのです。

ちなみに私の場合、「ニコ生を始めたほうがいいのではないか？」というアイデアを思いついたのはテレビの収録中でした。

ご存じの方も多いでしょうが、とかくテレビの収録というのは時間がかかります。特にクイズ番組は時間がかかるのが普通で、出演者が収録中にスマホをいじる姿を目にすることもめずらしくありません。

そのため、いまの私はオファーがあっても秒で断るようにしていますが、当時はまだクイズ番組にもたまに参加していました。しかし、ひたすらひな壇に座って待つのは苦痛でしかないため、私は「この時間を有効に使おう」と思い直し、15分くらいボーッと考えてパッと浮かんだアイデアを、何度も書き留める作業を繰り返していたのです。

周囲のタレントさんからは奇異な目で見られましたが、そのおかげで「ニコ生で心理学の知識を伝えていく」というアイデアにたどりついたのですから、なんの問題もありません。いま思えば、「テレビのムダな待ち時間」や「心理学を伝えたい自分」などの思考が、退屈のおかげで脳内にボンヤリとした像を結んだのでしょう。

このように、「排除すべきもの」として扱われがちな「退屈」も、創造性を高めるためには喜んで受け入れる必要があります。もしこれから退屈を感じる場面があったら、「ちょっとアイデア出しをしてみるか……」ぐらいに考えて、その退屈な気分にゆっくり身をゆだねてみてください。

ダークサイドを活用する裏技

2

心配性を利用する

■ネガティブな性格はアイデアマン向き

はじめる前から物事を悪い方向に考えてしまう、ついクヨクヨと思い悩んでしまう、もっとさっぱりとした明るい性格に変わりたい……。

こんな悩みを聞くことがよくあります。自分のネガティブな性格を変えたいと願うのは自然なことで、確かにマイナスなキャラが行きすぎれば問題になるでしょう。

ところが、そんな性格が実はクリエイティビティを発揮するのに役に立つとしたらどうでしょうか？

実は「神経症傾向」が強い人は創造性が高いと考えられているのです。

「神経症傾向」とは人間の性格を表す特性で、その名のとおり日常的な不安や緊張の感じやすさを示しています。この数値が高いほど精神病にかかりやすく、仕事のプレッシャーにも弱いため、日々の幸福度を左右する大きな指標のひとつです。

というと何もよいところがないように思えますが、近年の研究では「神経症傾向は創造性が高い」という仮説が提示されています。

これはキングス・カレッジが提唱する考え方で、研究チームが神経症傾向をもつ人の脳を調べたところ、おでこの裏にある内側前頭前皮質が常に活性化していました。ここは敵が襲ってきたときやなんらかのトラブルが起きた際に動き出すエリアで、つまり神経症傾向の人たちは、リラックス状態のときでも常に脳が警戒モードに入っていることになります。

そのため、神経症傾向な人の頭のなかには、いつも「敵に襲われたらどうしよう」「面倒なことが起きたらどうしよう」といった思考がうずまいています。おかげで、何も起きていないときでもネガティブな感情に襲われてしまうのです。

もっとも、この「考えすぎ」というマイナスな側面は、神経症傾向の人がよいアイデアを思いつく触媒にもなってくれます。

神経症傾向の強い人間は問題が目の前にないときでも解決にこだわって対処法を考え続けるのに対し、楽天的な人間はいまという瞬間を生きようとする傾向が強いせいで考えを深めようとはしません。どちらがよいアイデアを思いつけるかは明白でしょう。

事実、極端に神経質な性格で有名だった天才科学者ニュートンも、次のような言葉を残しています。

「私は絶えず課題に取り組み続けている。そして、ゆっくりと解決の糸口が現れ、少しずつ明確な姿を見せはじめるまでひたすら待ち続けるのだ」

神経症傾向の人は、とにかくアイデアが出るまで問題に取り組む脳をもっているわけです。よく言えば粘り強く、悪く言えば偏執的。ダーウィンやベートーベンも、神経症傾向の偉人の典型です。

ポイントは、ただグズグズと思い悩むだけではなく「問題解決のためにどうすれば

いいのか？」と自問し、できるだけ多くの解決策を考えることです。神経症傾向にお悩みの方は、まずは自分の性格を「よいアイデアの起爆剤」としてとらえ直してみると、ネガティブな感情の強みを活かせるでしょう。

ちなみに、自分の神経症レベルを知りたいときは、試しに以下の2つの質問に答えてみてください。それぞれの項目に対し、1（まったくあてはまらない）〜7（完全にあてはまる）の7段階で点数をつければOKです。

A　私は心配性で動揺しやすい
B　私は温厚で感情が安定している

採点が終わったら、次のように計算して最終得点を出しましょう。そのスコアが、あなたの現在の「神経症レベル」になります。

■神経症レベル＝（8－Bの点数）＋Aの点数

自分の数字がわかったら、次の日本人の平均値とくらべてみましょう。当然ながら、数値が平均よりも高いほうが「神経症傾向」を強くもっているということになります。

■神経症レベルの平均値・男性＝５・７　女性＝６・７

■神経質な人は不安になるほどクリエイティブになれる

一般的には、精神状態がリラックスしたときほどよいアイデアが浮かびやすいというイメージがあります。これまでも、発想を生み出すにはリラックス状態が必要だ、との考え方を本書では紹介してきました。

しかしその一方で、人によっては不安な状態でいたほうがクリエイティブ能力がアップするケースもあることがわかっています。

シンガポール経営大学が行った実験では、２７４人の学生に対して「かつて体験した不安な体験を思い出してください」と指示したうえで、「レンガの新しい使い方をできるだけ多く考えてください」と伝えて全員の創造性を調べました。その結果は意外なもので、**事前の性格テストで「神経質な性格」だと診断された生徒ほど、おもしろいアイデアを思いつく傾向が高かったのです。**

また神経質な人に特定の数字を記憶するように指示した場合でも、やはりよいアイデアが出る確率が高まりました。どうやら神経質な人は、不安やプレッシャーがかかるほど創造性が上がるようです。

つまりメンタルが弱かったり神経症傾向にある人は、一般の人のようにリラックスしてしまうとアイデアが出なくなる可能性もあります。**リラックスしてもなぜかよいアイデアが出ないときは、逆転の発想で自分を徹底的に不安な状態へ追い込んでみるのもいいでしょう。**もちろん、プレッシャーをかけ続けるのはしんどいことなので、一定期間だけでかまいません。

もしあなたが神経質である場合は、不安やプレッシャーは創造性の種だと思ってポジティブに受け入れましょう。

■ 気分が沈んだときは「アイデアまとめ」の時間にする

やたらとポジティブを押しつけてくる人、というのがたまにいます。「ポジティブ脳になればなんでもうまくいく！」、「もっと前向きに考えたほうがいいよ！」など、あたかもネガティブな感情が「悪」であるかのように言ってくる人に、誰しもひとりぐらいは心当たりがあるでしょう。

ですが、近年の心理学では、このような考え方は受け入れられていません。先にも見たとおり「不安」や「悩み」にもメリットがあるように、その他のネガティブな感情にも利点があることがわかってきたからです。

いくつか例を挙げてみましょう。

- ■「怒り」には勇気をわき上がらせる機能がある
- ■「罪悪感」は倫理感の増幅器として作用する
- ■「悲しみ」はウソを見抜く能力を高める

このように、ネガティブな感情には、それぞれ使える機能が備わっているため、無理に抑圧するよりもメリットを活かすように考えたほうが建設的です。

なかでも「発想術」の観点からおすすめしたいのは、気持ちが落ち込んだ状態を「アイデアをまとめる時間」として使うことです。クイーンズ大学の研究によれば、沈んだ気分のときほど人間は細部への注意力が高まり、ものごとを練り直すのに向くことがわかっているからです。

その他の研究でも、悲しい気分のときほど他人のウソに騙されにくくなったり、空間認知機能が高まったりと、ネガティブな気分のときのほうが分析力は高まりやすくなるとの結果が出ています。

つまり、ネガティブな気分になったときは、散らばった発想の種を、ひとつの大きなアイデアにまとめあげるのに向いている、というわけです。

たとえばクリエイティブ職で考えるなら、以下のように使い分けられます。

1　ネタ出しの段階では、「疲れ」や「退屈」の感情を生かしてボーッと考える
2　細かいアイデアがたくさん出たら、ネガティブな気分を使って大きなアイデアにまとめあげる

私自身も似たような考え方を日常的に使っており、気持ちが落ち込んだときは「アイデアをまとめるチャンスだ！　ラッキー！」ぐらいに思っています。もちろん慢性的にネガティブな感情にとらわれたままではメンタルに悪影響が出てしまいますが、短期的なものであればメリットを活かすように考えたほうが生産的です。

いずれにせよ常に同じ気分でいるのではなく、喜怒哀楽の感情をバランスよく発露するように心がけてみてください。

ダークサイドを
活用する裏技

3

自分の「変」を受け入れる

■優秀なお笑い芸人ほど「変人」が多い？

心理学者のジョーダン・ピーターソンは、２００３年に「変人は創造性が高い」と主張する論文を発表しています。ダリや島崎藤村のように風変わりな行動で知られるアーティストは多いですが、実際に周囲から「あの人は変だ」と言われるような人ほど、本当に創造性が高いというのです。

ピーターソン博士の結論を一言でいえば、「創造性が高い人は情報を選り分ける能力が低い」というもの。２０７ページで紹介した「疲労感は脳内の連想パワーをアップさせる」で説明した内容と同じように、**「変人」ほど外界から入ってくる情報を取捨選択する能力が低く、そのおかげで斬新なアイデアを生みやすくなる、というわけです。**

これはオックスフォード大学の研究でも裏づけられている事実で、研究チームがイギリスのコメディアンと俳優にアンケートを取ったところ、全体的に以下のような傾向が確認されました。

■優秀なコメディアンほど、統合失調または双極性障害の特徴をもつ傾向が高かった
■斬新なジョークを思いつく人ほど、妄想や幻聴、または気分の上がり下がりに悩む傾向があった

この傾向について、研究チームはこうコメントしています。

「よいジョークを生み出すのに必要な創造性は、統合失調や双極性障害の認知スタイルとよく似ている。重度の統合失調症は『笑い』に悪影響をもたらすが、軽度の場合

は、常識から外れた思考や変わったアイデアを生みやすくする」
どうやら、軽度な「変」であれば、斬新なアイデアを思いつくのに役立つようです。周囲から「お前は変だ」と言われることが多い人は、まずは「創造性が高いサインかもしれない」と考えて、自分の特異性を受け入れるようにしたほうが建設的でしょう。

■「うつ」な人が実はクリエイティブだった！

同じように、クリエイティブな人にはうつ傾向があることも知られています。少し考えただけでも、ゴッホやヘミングウェイなど、うつ気質の天才はいくらでも思いつくでしょう。

「うつ病と創造性の関係」を徹底的に調べたオールバニー州立大学の論文をご紹介しましょう。過去の研究から信頼度が高い36件を抜き出して精査したメタ分析で、とても質が高い内容です。

研究チームは、以下の人たちを調査したうえで、「クリエイティブ系の仕事につく人たちは、本当に気分障害が多いのか?」という問題をチェックしました。

■美大生
■小説家／シナリオライター
■クリエイティブ職の有名人

分析の結果は、「相関関係あり」というものでした。つまり、作曲などの音楽能力や、よい文章を書けるような能力をもっている人ほど、うつになりやすい傾向があったのです。その影響力は大きく、うつとクリエイティビティの関係はかなり確実だと言えるでしょう。

ちなみに、気分障害にもいろいろな種類がありますが、なかでもクリエイティビティと関係があったのは「双極性障害」、いわゆる躁うつ病でした。逆に、軽いうつ状態がダラダラと続く状態である「気分変調症」などはクリエイティビティと関係が見られず、すべての気分障害が創造性に結びつくわけではないようです。

また、この研究はあくまで「クリエイティブな人は気分障害になりやすい」という事実を示したものであり、「気分障害になればクリエイティビティが上がる」とは限らないところに注意してください。

同様に、この研究によれば、クリエイティビティと気分障害の関係は、軽度の双極性障害だけに限って確認されています。重い気分障害をもった方の場合は、クリエイティビティのメリットなどにはこだわらず治療に専念するようにしましょう。

いずれにせよ、軽い気分障害にお悩みの方は、その事実をある程度まで受け入れたうえで、自分のクリエイティビティ能力を活かすように考えるのも手です。

■ＡＤＨＤにもクリエイティビティとの関係がある

みなさんのなかには、ＡＤＨＤ（注意欠陥・多動性障害）との診断を受けて悩んでいる方もいるかもしれません。周知のとおり、不注意、落ちつきのなさ、衝動性などのせいで生活に支障が出てしまう、なんとも悩ましい問題です。

しかし、ここ数年の研究では、ＡＤＨＤがクリエイティビティにつながる特性のひとつであることがわかってきました。ＡＤＨＤの人たちは、総じて創造性テストでかなりよい点を取る傾向があるのです。

２０１９年にミシガン大学が行ったレビュー論文では、ＡＤＨＤの人々の創造性が高まる理由を以下のようにまとめています。

- **事前の知識に左右されにくいため、新たな発想を生み出すときにも過去の事例に似ていないものが出てくる可能性が高い**
- **「世間的な常識」にもとらわれない傾向があるため、枠にとらわれない発想ができるケースが多い**

ＡＤＨＤの人は他人の影響を受けにくいため、そのおかげでクリエイティブなアイデアが浮かんでくる、というわけです。そのため、ＡＤＨＤと付き合うにあたっては、適切な投薬治療と社会生活を営むためのトレーニングを続けつつも、「よいアイデアが浮かびやすい」という自分の特性を活かしていくことをおすすめします。

自分がどれぐらいＡＤＨＤの特徴をもっているかが気になる人は、以下のリストで自分の状態をチェックしてみてください。明確な基準はありませんが以下の項目にあてはまる数が多いほど、完全にＡＤＨＤだとまで言い切れないものの、似たような傾向が強いと考えられます。

■物事を行うにあたって、難所は乗り越えたのに詰めが甘くて仕上げるのが困難だったことがよくある
■計画性を要する作業を行う際に、作業を順序立てるのが困難だったことがよくある
■約束や、しなければならない用事を忘れたことがよくある
■じっくり考える必要のある課題に取り掛かるのを避けたり、遅らせたりすることがよくある
■長時間座っていなければならないときに、手足をそわそわと動かしたり、もぞもぞしたりすることがよくある
■まるで何かに駆り立てられるかのように過度に活動的になったり、何かせずにいられなくなることがよくある
■つまらない、あるいは難しい仕事をする際に、不注意な間違いをすることがよくあ

る

■直接話しかけられているにもかかわらず、話に注意を払うことが困難なことがよくある

■家や職場に物を置き忘れたり、物をどこに置いたかわからなくなって探すのに苦労したことがよくある

■外からの刺激や雑音で気が散ってしまうことがよくある

■集中力が落ちたときこそ、よいアイデアを思いつく

ＡＤＨＤとまではいかずとも、「集中力が続かなかったり気が散りやすい人ほどクリエイティビティが高い」というデータもあります。

１００人の被験者を対象にしたノースウェスタン大学の研究では、まず全員に専門のテストで「実生活における創造性」のレベルをチェック。続けて、実験室で創造性テストを受けてもらいつつ、全員の脳の電気活動を調べたところ、以下の傾向が見られました。

■拡散的思考が得意な人たちは感覚的な刺激に強く、集中力が続きやすい
■実生活で創造性が高い人たちは感覚的な刺激に弱く、集中力が続きにくい

現実の世界で創造性が高い人は、汚い光景やちょっとした騒音といった周囲のノイズに影響されやすく、集中力が長続きしにくかったのです。**注意力が散漫な状態とは、逆に言えば脳が自由になった状態でもあるので、そのぶんだけ常識にとらわれない発想が可能になるのでしょう。**

実際に、過去の偉人たちにも感覚的な刺激に弱かった人は多く、具体的には次のような事例があります。

■**プルースト（作家）**：騒音がガマンできない体質で常に耳栓を使い、防音のために部屋の壁をコルク張りにした。
■**ワーグナー（音楽家）**：「すぐれた芸術家には静けさが必要だ。平穏と静けさこそ、芸術家に不可欠な義務なのだ」とのメモを残している。

■**カフカ（作家）**：「執筆には孤独が必要だ。ただし、隠者のようにふるまうだけでは足りない。死者のようでなければならない」との発言がある。

ほかにも、ダーウィン、チェーホフ、ゲーテなど、ノイズを忌み嫌った偉人の例にはこと欠きません。

このような敏感さは行きすぎればストレスの源になりますが、一方で正しい方向に使うことができれば、よりクリエイティブで感受性にあふれた人生を送るのに役立てることもできるでしょう。小さなことを気にしがちだったり、気が散りやすくて困っている人には朗報と言えるのではないでしょうか。

ダークサイドを活用する裏技

4

「悪事」を活かす

■ 皮肉や嫌味を使ってクリエイティビティを高める

いつも嫌味を言う上司、何かとマウントを取ってくる同僚、口を開けば文句しか言わない親族……。

あなたの周りにも一人や二人、思わず殴りたい衝動に駆られるような、言動に腹が立つ人間がいるはずです。実は、そんな人たちに怒りが湧いたそのときこそ、発想力を高めるチャンス、と言ったら驚くでしょうか。

その証拠に、ハーバード大学が発表した「皮肉が創造性を刺激する！」というおもしろい論文を見てみましょう。研究チームは、約300人の参加者を3グループに分けました。

1 ニュートラルな会話をするグループ（例：「今日の気温は20度を超えて過ごしやすいですね」）

2 嫌味や皮肉が混じった会話をするグループ（例：「そのアクセサリーは100均で買ったんですか？」）

3 ポジティブな会話をするグループ（例：「赤い服が似合っていて本当に素敵ですね！」）

その後、全員に創造性を判断するテストに挑戦してもらったところ、以下のような差が出たのです。

■皮肉を言った参加者のうち、67％がよいアイデアを思いついた
■皮肉を言われた参加者のうち、75％がよいアイデアを思いついた
■ニュートラルとポジティブグループは、30％しかよいアイデアを思いつかなかった

興味深いことに、**皮肉を言っても言われても、どちらのケースでも創造性が上がっています。**

いったいなぜこのような現象が起きるのでしょうか？　研究チームは次のようにコメントしています。

「皮肉や嫌味を理解するためには、表現の裏側に隠された本当の意味を察する必要があり、このプロセスでは脳の抽象思考が活性化される。その結果、創造性が刺激されるのだ。創造的な人たちが自然に皮肉や嫌味を使いがちなのも、このプロセスが原因かもしれない」

つまり、皮肉や嫌味を言ったり聞いたりするためには普通の会話より頭を使わねばならないので、自然と脳の働きが活性化。そのおかげでよいアイデアが生まれやすくなるというわけです。皮肉なジョークで有名な京都の人やイギリス人は、脳が活性化しやすいのかもしれません。

というわけで、創造性を上げるためには積極的に皮肉を使うのがおすすめですが、当然ながら、無闇に使いまくれば対人関係に悪影響が出るので注意してください。ここで紹介した研究では、信頼関係のある相手に使うなら皮肉や嫌味も問題ないことがわかっているので、あくまで仲のよい友人だけと皮肉を交わし、脳を鍛えていくようにしましょう。私の場合は、社会学者の古市憲寿くんなどと皮肉を言い合うのが定番で、互いに脳を鍛え合っています（笑）。

また、いつものように上司が嫌味を言ってきたら、創造性アップのチャンスです。普段ならムカムカするしかない嫌味も、「創造性が上がる」と考えれば耐えやすいのではないでしょうか。

■ 不誠実な行動をとる

ウソをついたり、約束を破ったり、カンニングをしたりなどの「不誠実な行動」をとるとクリエイティブになれるという、おもしろいデータがあるので紹介しましょう。

これはハーバード大学が行った実験で、研究チームは、まず被験者を「ウソをついたほうがお金をもらえる」状況に置き、彼らがどのように振舞うのかをチェックしました。続いて創造性を調べるテストも合わせて行ったところ、それぞれが生まれつきにもつ創造性とは関係なく、不誠実な振舞いをした被験者ほどクリエイティブな能力が高まる傾向がありました。要するに、ウソをついた人は創造性が高まったわけです。

なにやら不思議な現象のようですが、**不誠実さで創造性が高まる理由は、「自分はルールにしばられない存在なのだ」という感覚が高まるからだと考えられています。**

一見すると不誠実と創造性には共通点がなさそうに見えますが、実は大きなポイントがよく似ています。それは、**どちらも既存のルールを破る行為だという点です。**

新しいアイデアを生み出すためには従来の決まりきった発想を打ち壊さねばなりませんし、ウソをつくためには「人を騙すのはよくない」という一般的な倫理観を意図的に破る必要があります。この類似点があなたのなかで共鳴を起こし、不誠実な行動をとると脳のクリエイティブ機能も働きはじめるわけです。

似たような研究は他にも多く、行動経済学者のダン・アリエリーも、クリエイティブな人たちは基本的に不誠実だと指摘しています。創造性が高いことで知られる人たちの行動を調べると、大きく以下のような傾向が見られるからです。

■他人が見ていなければ平気でズルをする
■悪事がバレたあとでも自分の非を認めず言い訳に徹する
■他人をやたらと疑う傾向が強い
■その場で思いついた適当なつくり話をする

なんとも嫌な特性ばかりですが、創造性が高い人に嫌な性格の人が多いのは間違いないようです。

確かに、ズルをしがちな性格は柔軟性の高さにつながりますし、うまい言い訳やつくり話をするには高度な知性が要求されます。他人を疑り深い傾向にしても、上っ面だけで簡単に判断せず物事をいろいろな側面から見られる能力の裏返しだと考えれば、いずれも創造性の上昇につながっても不思議ではありません。

まとめると、クリエイティブな人というのは、不誠実でウソつきで疑り深くて横柄な性質をもちます。だからと言って、無理して不誠実で横柄なキャラに変わる必要はありませんが、「人狼」や「ダウト」、「ポーカー」のような「ウソをつくと得をする」タイプのゲームで遊んでみるのはおすすめです。あなたのなかに既存のルールを破った意識が生まれ、これがクリエイティビティの発揮に役立ってくれることでしょう。

■バカッターを見て創造性アップ！

「自分が悪事を行うのには抵抗がある……」という善良な人は、他人が社会のルールを破っている写真を見るのもいいでしょう。実は、他人の犯罪を目撃するだけでもクリエイティブ能力はアップするのです。

たとえば、ハーバードビジネススクールが行った実験では、被験者に以下のような写真を見せました。

■「飛び込み禁止」の場所で若者が飛び込みをしている様子

■自転車禁止エリアに自転車で侵入する若者の写真

■他人のものを盗んでいる男性の姿

それから全員に創造性テストを行ったところ、犯罪写真を見た被験者は、何も見なかった被験者に比べて大きくクリエイティブ度が上がりました。違法行為のイメージがすり込まれたせいで、既存のルールを破る感覚が高まり、結果として創造性アップに結びついたのだそうです。

そこで思い出されるのが、バイトテロをはじめとしたツイッターの犯罪自慢、いわゆる「バカッター」と呼ばれる画像です。

この研究の成果を応用するならば、「バカッター」写真を見るだけでも脳は刺激を受けて、創造性がアップするものと考えられます。当の企業にとってはたまったものではありませんが、ネタ出しが必要なときなどは、意識してバカッター写真を探してみてはいかがでしょうか？

ダークサイドを活用する裏技

5 トラウマを活かす

■過去の嫌な体験があなたを成長させる

人生には挫折や失敗がつきもの。過去の失敗やトラブルがいつまでも心に残り、トラウマ化してしまったという人もいるでしょう。

私の場合は、小学2年生から中学2年生までいじめられた経験がいまもトラウマとして残っています。トイレで水をかけられたり、上履きの中に画びょうを入れられたりと、いまでは「創造性のないベタなイジメ方をしやがって！」と笑い飛ばすこともできますが、やはり積極的に思い出したくない記憶なのは間違いありません。

なんとも嫌な体験ですが、実はこのような心の傷もクリエイティビティを高めるために利用することができます。実際のところ、創造性が高い人たちにも、過去の失敗やトラウマをバネに成長しているケースは少なくありません。

いくつかのデータを紹介しましょう。

まず取り上げるのは2013年に行われた調査で、1994年に発生したルワンダ虐殺事件を生き延びた男女100人を対象に「最悪の虐殺により自分はどう変わったと思うか?」と質問したものです。

ルワンダ虐殺は、同国で暮らすフツとツチという両民族が殺し合いを演じたジェノサイドで、推計によれば50万人から100万人が命を落としたと考えられています。歴史上でも類を見ないレベルの大量虐殺であり、被験者にはかなりのトラウマが残ったのは確実でしょう。

質問の答えはバラバラで、当然ながらいまも厳しいフラッシュバックに悩まされる被験者も複数いました。しかし、その一方ではポジティブな答えを返す者も少なからずおり、39%の人たちが「新しいアイデアを思いつきやすくなった」と報告し、事件をきっかけに作曲やダンスなどアート系の活動を始めたケースも確認されたのです。
39％という数字をどう思うかは人それぞれでしょうが、少なくない人たちがルワンダ虐殺を成長の糧にできていた事実は見逃せません。トラウマをバネにすれば、逆に創造性は上がるのです。

もうひとつ、もっと身近な事例として、373人の40歳前後の一般男女を対象にした研究を見てみましょう。この研究では、過去に災害や病気、事故などのできごとに遭遇した人だけを被験者に選び、心にトラウマを負ったあとでどのような変化を実感したかを尋ねています。

その結果は予想どおりで、過去につらいできごとを経験した回数が多い人ほど、「創造性の向上を実感した」と報告するケースが多く見られました。同時に、トラウマで創造性がアップした人は、同時に以下の4つの要素も向上する傾向があったそうです。

■対人関係

■人生の新たな可能性の認識
■精神的なタフさと深み
■人生への感謝の念

トラウマで創造性や人生の幸福度が上がるケースは意外なほど多いようです。

このように、激しい精神的なダメージのおかげで逆に創造性が上がる現象を、心理学の世界では「心的外傷後成長」と呼びます。過去の研究によると、うつや不安障害、ストレス障害から生還した患者の70%は「心的外傷後成長」を経験するそうです。

それでは、なぜトラウマで創造性が上がるのでしょうか？　現時点では以下のような理由が想定されています。

■嫌な体験のストレスから逃れようとして、創造的な活動へ気持ちが向かうから
■トラウマのせいで過去の考え方が崩れ、新しい可能性に目を向けるようになるから

過去の嫌な体験が従来の決まりきった考え方を打ち壊し、新たな視点を与えてくれるというわけです。確かに、なんらかの厳しい体験を乗り越えたあとで、なんだかすっきりした気分になった方は多いのではないでしょうか？

もっとも、これらの研究は、「創造性にはトラウマが必須」という話ではありませんのでご注意ください。私もできればいじめなど体験したくなかったですし、トラウマ級の事件など遭遇しないに越したことはありません。

ただし、精神的にキツいできごとが起きてしまったときは、トラウマにとらわれるよりはバネにすることを考えてみてください。どんなに嫌な体験も「成長の糧にできる」と考えれば、多少は悪影響もやわらぐはずです。

■ 筆記開示を使ってトラウマを活かし切ろう！

しかし、簡単に「トラウマを活かそう！」と言っても実践は難しいものです。心に残ったダメージは一朝一夕に解決できるものではなく、じっくりと自分の傷を見つめていく作業が欠かせません。

そこでおすすめしたいのが、「筆記開示」のテクニックです。1980年代に生まれた心理療法のひとつで、トラウマを客観視していく作業に大きく役立ってくれます。

その方法はシンプルで、

■**自分が体験したネガティブな経験を、感情や思考を包み隠さず書き記す**

というもの。誰にも見られない日記にグチを書いたり、クローズドなブログに悩みを書き込んだり、といった行為も「筆記開示」の一種と言えるでしょう。

とても簡単なシンプルな手法ですが、数々の研究により「筆記開示を行った被験者の多くがより幸福感をもち、ネガティブな感情が減る」といった事実が示され、不安やうつ状態への効果が認められています。

そのほかにも、「筆記開示」の効果を確認した事例は多く、ざっと以下のようなメリットが報告されています。

■日本で行われた研究では、筆記開示を5週間行った学生のワーキングメモリの働き

が向上した

■男女のカップルが筆記開示を行ったところ、ふたりの親密さが深まった

■被験者に「嫌いな相手について筆記開示してください」と指示したところ、その相手を許せるようになった

■8ヵ月の筆記開示を行った実験では、被験者の42％が新しい仕事の面接試験をパスした（筆記開示をしなかった被験者の合格率は20％）

このように、かなり広い範囲の効果が認められているため、私生活で嫌なことがあったらまずは筆記開示を試してみましょう。その際に意識しておくべきポイントは以下の3つです。

1 まずは筆記開示を4日間続けてみる：多くの研究によれば、最低でも4日間連続で自分の感情を書き続けないと筆記開示の効果は薄れてしまいます。実践の時間は、仕事終わりや寝る前などがベストです。

2　**1日20分は書き続ける：**多くの実証研究で、1日20分以上は書き続ける必要があることがわかっています。その際には文章の体裁や誤字脱字にはこだわらず、ひたすら自分の悩みをノンストップで書きなぐるのがコツ。もちろん、同じ内容を4日間続けて書いてもOKです。

3　**悩みを展開してみる：**筆記開示に慣れてきたら、その悩みを人生の他の分野とつなげてみます。仕事の失敗を悔やんでいるなら、その悩みが家庭や友人関係、過去、未来などに与える影響も書いていきます。こうすることで、さらに深く自分の感情に気づけるようになります。

トラウマの対処において重要なのは、ネガティブな感情やポジティブな感情を味わい、しっかりと認識できる能力です。嫌な体験でわき上がった感情に、始まりと終わりのある一貫したストーリーを与え、自身のトラウマについて書くことで、さまざまな効果が得られるのです。

嫌なことがあるとついネガティブな感情にとらわれてしまいがちですが、悩みを書きまくることで、その体験を客観的に見られるようになるわけです。トラウマをバネにして創造性をアップさせたい方は、ぜひ筆記開示を試してみてください。

ダークサイドを活用する裏技

1 疲れたとき、退屈なときほど
連想パワーと創造性が高まる絶好のチャンス

2 心配性・神経質な人ほどアイデアや解決策を思いつく
気分が沈んだときは「アイデアまとめの時間」にする

3 自分の「変」な部分を活用して、
常識にとらわれない、斬新な発想を生み出す

4 時に皮肉や嫌味、嘘といった「悪事」で
脳の抽象思考を刺激してクリエイティビティを高める

5 過去の嫌な体験は、成長の元
感情や思考を書き出す筆記開示でトラウマを活用できる

おわりに

「お前は過去になかった仕事ばかりしているな」

友人や知人からよくこんなことを言われます。

言われてみれば確かにそのとおりで、現在の私が手がける仕事の内容は、日本唯一のメンタリストとして数百のTV番組に出演し、有料の動画配信サイトで15万人近い会員に最新の科学知識を放送。さらには、iPhoneを使って海外から企業講演を放映するなど、幼いころには想像すらしなかったものばかり。幸いにもその大半が軌道に乗り、大きな成果を上げ続けています。


それもこれも、すべては「発想力」の重要性に気づいたからと言えるでしょう。

かつての私のようにクリエイティブの力を軽視したままだったら、現在の自分はなかったはず。研究者になっていたか、それともどこかの企業に勤めていたのかはわかりませんが、いずれにせよ「何かが違う……」との思いを抱えたまま暮らし続けていたことでしょう。

その点で、いまの私があるのは「発想力」のおかげだと言っても過言ではありません。新たな発想を生み出す能力こそ、先が見えない現代を生き抜く最大のスキルです。

みなさんも、本書で紹介した発想術を使いこなし、ぜひ思いもよらないような未来を切り開いてみてください。

編集協力	鈴木祐 美華（MIFA）
ブックデザイン	小口翔平＋岩永香穂＋大城ひかり（tobufune）
撮影	小川孝行
ヘアメイク	永瀬多壱（VANITĒS）
スタイリスト	松野宗和

◎著者略歴

メンタリスト DaiGo（めんたりすと・だいご）

慶應義塾大学理工学部物理情報工学科卒。人の心を作ることに興味を持ち、人工知能記憶材料系マテリアルサイエンスを研究。英国発祥のメンタリズムを日本のメディアに初めて紹介し、日本唯一のメンタリストとしてTV番組に出演。その後、活動をビジネスやアカデミックな方向へ転換、企業のビジネスアドバイザーやプロダクト開発、作家、大学教授として活動。趣味は1日10〜20冊程度の読書、猫と遊ぶこと、ニコニコ動画、ジム通いなど。ビジネスや話術、恋愛、子育てまで幅広いジャンルで人間心理をテーマにした著書は累計330万部を超える。主な著書に、『自分を操る超集中力』、『知識を操る超読書術』（かんき出版）、『ムダに悩まない理想の自分になれる 超客観力』（repicbook）、『人間関係をリセットして自由になる心理学』（詩想社）など。

○オフィシャルサイト

http://daigo.jp

○ニコニコチャンネル

メンタリストDaiGoの「心理分析してみた！」

https://ch.nicovideo.jp/mentalist

超 発想力

2020年10月8日　第1刷発行

著　　者　メンタリスト DaiGo
発 行 人　金田一一美
発 行 所　株式会社 詩想社
〒151-0073　東京都渋谷区笹塚1—57—5 松吉ビル302
TEL.03-3299-7820　FAX.03-3299-7825
E-mail info@shisosha.com

D T P　中央精版印刷株式会社
印刷・製本　中央精版印刷株式会社

ISBN978-4-908170-28-7

ISBN978-4-908170-16-4